BCT 단계별 맞춤 프로그램

리얼 비즈 **중국어 2**

BCT 단계별 맞춤 프로그램
리얼 비즈 중국어 2

초판 1쇄 | 2009년 11월 25일
초판 2쇄 | 2011년 10월 5일

원제 | 新丝路-初级速成商务汉语 II
중국 주편 | 리샤오치
한국 주편 | 김종미

발행인 | 김우석
편집장 | 신수진
책임 편집 | 이정은
일러스트 | 이지영
인쇄 | 미래프린팅

발행처 | 중앙북스(주)
등록 | 2007년 2월 13일 제2-4561호
주소 | (100-732) 서울시 중구 순화동 2-6번지
구입문의 | 1588-0950
내용문의 | (02)2000-6324
팩스 | (02)2000-6120
홈페이지 | www.joongangbooks.co.kr

ISBN | 978-89-6188-970-4   03720
         978-89-6188-900-1   03720 (세트)

BCT 단계별 맞춤 프로그램

리얼 비즈 중국어

2

중국 주편 | **리샤오치** ● 한국 주편 | **김종미**

중앙 **books**
JoongAng Ilbo

北京大學出版社
PEKING UNIVERSITY PRESS

들어가는 말 ⋯

김종미 (이화여자대학교 TECSOL, EPTECSOL 교수)

흔히 하나의 외국어는 해당 국가의 문화를 전달하는 도구라고 하지만 사실은 언어를 떠나서는 문화도 사상도 감정도 성립될 수 없기에 언어는 곧 문화이자 교육의 전부이다.

영어를 십수 년 간 배웠지만 영어로 말할 수 없는 당신 곧 나는, 시대를 따라가자니 중국어를 배우기는 해야겠는데, 배워봤자 니하오, 워아이니 수준을 벗어날 수 있을까 하는 회의가 밀려오고, 그래서 제2외국어는 부담으로 다가올 수밖에 없다. 만일 BCT가 그 많고 많은 시험이라는 밥상에 하나 더 얹어진 반찬이라면, 운전면허증이 생애의 마지막 시험일 줄 알았더니 아직도 줄줄이 남아있는 승급 테스트에 얹어진 쓸모없는 시험 쪼가리라면 당신과 나는 이를 과감히 휴지통에 던져 버리자. 전 세계에서 토플/토익 보는 인구가 가장 많고, 전 세계에서 HSK를 보는 인구가 가장 많은 우리나라에서 누구를 괴롭히려고 또 하나의 시험을 개발한단 말인가.

아니다. 수줍게 열리는 꽃봉오리 속에서 우주를 본다는 어느 시인의 말처럼 하나의 언어는 새롭고도 은밀하게 당신에게 또 다른 세계를 열어 줄 것이다. 언어는 우리가 인간임을 결정짓는 특징이며 모국어 이외의 제2언어를 사용할 수 있음은 우리가 교육받은 사람임을 증명하는 증거이지 않은가. 더욱이 ≪리얼 비즈 중국어≫는 배워봤자 쓸모없는 책상머리 언어를 전달하지 않는다. "How are you?"라고 하면 "I'm fine, thank you, and you?"라고 해야 한다고 암기했지만 실제 외국인을 만나면 그 말을 써야 할지 말아야 할지 망설여지는 암기용 외국어를 가르치지 않는다. "니망마? 워뿌망, 니너? 워헌망." 뜬금없이 등장하는 '너 바쁘니? 나 안 바빠' 식의 전시용 중국어를 질문하지 않는다.

1 자료의 진정성, 질문의 진정성(authenticity)은 ≪리얼 비즈 중국어≫가 지닌 가장 큰 미덕 중 하나이다. 2000년대 이후 비즈니스 현장에서 출현하는 각양각색의 담화(discourse)를 수집, 빈도수를 추출하여 가장 많이 사용하는 상용구문으로 교재가 구성되어 있다. 전화번호부, 사무실 임대 공고문, 수첩에 손으로 흘려 쓴 메모, 지도, 항공기 탑승권, 계약서, 초대장, 업무용 편지 등 살아있는 재료들이 교재의 신선도를 유지한다.

2 ≪리얼 비즈 중국어≫는 중국어가 학습(studying)이 아니라 습득(acquisition)이 되도록, 열심히 암기해도 책을 덮고 나면 말할 수 없는 외국어가 아니라 하나를 배우면 바로 하나를 사용하도록 당신을 격려하고 자극한다. 예를 들어 1과에서 1에서 10까지 세기를 배우면 바로 화폐단위를 제시하고 그 화폐를 가지고 물건을 사오도록 요구한다. 그러나 걱정하지 마시라, 새로운 교재에 맞는 새로운 교수법으로 당신이 임무를 완성하도록 도와줄 것이다.

3 하나를 배우면 하나를 활용해야 하는 임무를 주는 것, 즉 이 책은 과업중심형(task-based) 외국어 학습이라는 제2언어학습의 최신이론을 기반으로 설계되었다. 단원마다 연습문제 부분에 임무를 주는데, 당신은 이를 소홀히 하지 마시라. 임무를 수행하여야만 그 단원을 학습한 의미가 있고, 이러한 실전연습이 실제로 중국인을 만났을 때 의사소통을 할 수 있도록 도울 것이다.

4 소집단 활동 중심(group work)으로 임무를 해결하도록 권장하는 것도 이 책의 미덕이다. 위에서 아래로의 일방적인 전달보다는 수평적 의사소통이 더욱 중요해지는 업무 환경에서 소집단 활동 중심으로 임무를 해결하는 과정은 의미있는 활동이 될 것이다. 또한 소집단 활동 중에 일어나는 언어학습이 곧 교육의 핵심임을 체험하면서, 듣기·읽기·말하기·쓰기의 네 영역이 총체적으로 결합하는 경험을 하기 바란다.

중국과의 비즈니스를 성공적으로 수행하려면 중국어를 좋아하고, 중국인을 이해하고, 중국문화를 사랑해야 한다. 중국어는 중국인과의 상호 커뮤니케이션을 가능하게 하는 가장 중심적인 요소이다. 타자를 이해한다는 것은 자기 자신을 돌아보는 일이기도 하다. 중국인, 중국문화를 이해해가면서 한국인, 한국문화에 대한 사랑과 이해도 깊어지는 총체적인 깨달음의 세계로 중국어가 당신을 안내하기를 기대한다.

2009년 나날이 새로운 날
金 鍾 美

추천하는 말 : : :

소통 위주의 중국어 학습!
이제는 바꿀 때가 되었습니다.

김현철 (연세대학교 중어중문학과 교수, 한국BCT위원회 위원장)

우리가 중국어를 공부하면서 자신의 만족감을 증대시키고, 남을 위한 배려 속에서 성장하려면 반드시 사물을 뚫어 보는 통찰의 힘을 길러야 합니다. 통찰력이야말로 새로운 외국어 교육, 곧 소통을 위한 중국어 학습을 위한 강력한 백신임이 틀림없습니다. 통찰력은 하루아침에 길러지지 않으며, 오랜 경험을 통해 조금씩 쌓입니다. 세세한 부분을 유심히 관찰하는 일이 반복되고 쌓여야 통찰력이 향상될 수 있습니다. 중국어 학습에서 경험은 그 무엇보다도 중요합니다. 다양한 경험과 냉정한 통찰이야말로 한 단계 향상된 새로운 중국어 학습의 지평을 열어 줄 수 있기 때문입니다. 이 책을 펼쳐든 순간, 여러분은 그러한 경험과 통찰력을 얻을 수 있는 세상으로 들어오신 것입니다.

지금까지의 외국어 학습 모델은 주로 시설투자나 외형에만 신경 쓴 하드웨어적 교육에 집중되어 있었습니다. 하지만 최근 외국어로 성공한 사례는 모두 창의적인 학습모델 개발이나 학습기법을 기반으로 하고 있습니다. 천문학적인 사교육비를 투자하고도 말 한마디 제대로 못 하는 등, 비효율적으로 진행되어 온 우리의 실용중국어 교육 현실 속에서 공장을 크게 짓지 않고도 목표치를 달성할 수 있는 효과적인 방법은 바로 소통 위주의 교육입니다. 소통 위주의 외국어 교육이 무엇보다 중요합니다.

우리는 보통 구조와 의미를 파악하여 말을 하지 않으며, 규칙에 맞지 않는 말도 자주 씁니다. 이는 사람과 사람이 교제할 때 언어지식보다는 언어의 기능성과 실용성을 더 우선시하기 때문

입니다. 즉 기존의 글말 위주의 수업과 평가방식에서 벗어나 실제적 언어구사능력을 중시하는 실용적이고 기능적인 방식으로 바꾸어 학습해야 합니다. 발상의 전환은 학습방식의 변화를 가져옵니다. 마음먹은 대로 이루어지는 법입니다. 그 결과물이 바로 이 ≪리얼 비즈 중국어≫입니다.

좁은 시각에서 바라보면 언어란 정태적이며 또한 변화가 없는 것처럼 여겨집니다. 하지만 한 걸음 물러나 바라보면 언제나 움직이고 발전하고 있음을 느낄 수 있습니다. 이러한 발전과정의 실마리를 풀고 그 변해 가는 과정을 탐구하는 것, 그리고 이 과정 속에서 우리가 쓰는 중국어의 이해 정도를 가늠하는 것, 이것이 바로 가장 좋은 실용중국어 교재입니다. 원활한 의사소통과 상호작용을 목표로 하는 실용중국어 과정에서는 강의자와 학습자 간의 연계 학습, 학습자 중심의 자기 주도적 학습, 흥미를 잃지 않는 꾸준한 반복 학습이 중요합니다.

본 교재는 철저하게 원활한 의사소통과 상호작용을 통한 소통 위주의 학습방법을 동원하여 만들었습니다. 또한 교재의 내용이 어떻게 전개되는지 한 눈에 보고 알 수 있도록 삽화를 이용하여 쉽게 설명하였을 뿐만 아니라 '알아보기(认一认)', '말해 보기(说一说)', '활용하기(练一练)'의 과정을 거쳐 마지막에 실제 비즈니스 중국어 문제를 제공함으로써 배운 것을 그대로 활용하고 그 활용한 것으로 자신의 실력을 가늠해 볼 수 있도록 획기적으로 구성하였습니다.

여러분은 소중한 여러분의 미래를 위하여 올바른 선택을 하신 겁니다.

구성과 특징

〈리얼 비즈 중국어〉는 총 6권으로 BCT(Business Chiness Test) 맞춤형 중국어 교본입니다. 그중 2권은 BCT 2급 (201~400점) 난이도에 준하며, 중국어 초중급 학습자가 사회활동에서 쉽게 접할 수 있는 생활 중국어를 중심으로 구성되어 있습니다.

◯ 认一认 | 이번 과에서 배울 단어와 짧은 문장 수준의 내용을 학습합니다.

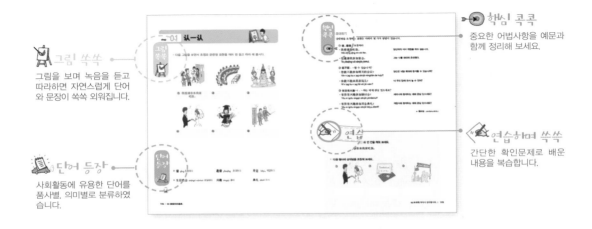

그림 쏙쏙
그림을 보며 녹음을 듣고 따라하면 자연스럽게 단어와 문장이 쏙쏙 외워집니다.

단어 등장
사회활동에 유용한 단어를 품사별, 의미별로 분류하였습니다.

핵심 콕콕
중요한 어법사항을 예문과 함께 정리해 보세요.

연습하며 쏙쏙
간단한 확인문제로 배운 내용을 복습합니다.

◯ 说一说 | 이번 과에서 배울 짧은 대화 수준의 내용을 학습합니다.

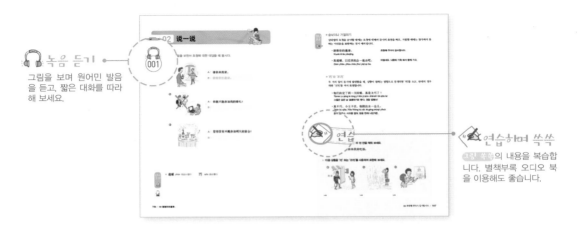

녹음 듣기
그림을 보며 원어민 발음을 듣고, 짧은 대화를 따라 해 보세요.

연습하며 쏙쏙
그림 쏙쏙의 내용을 복습합니다. 별책부록 오디오 북을 이용해도 좋습니다.

○ **练一练** | 이번 과에서 배운 단어와 문장을 총괄하여 **응용회화**와 **서술문** 수준의 내용을 학습합니다.

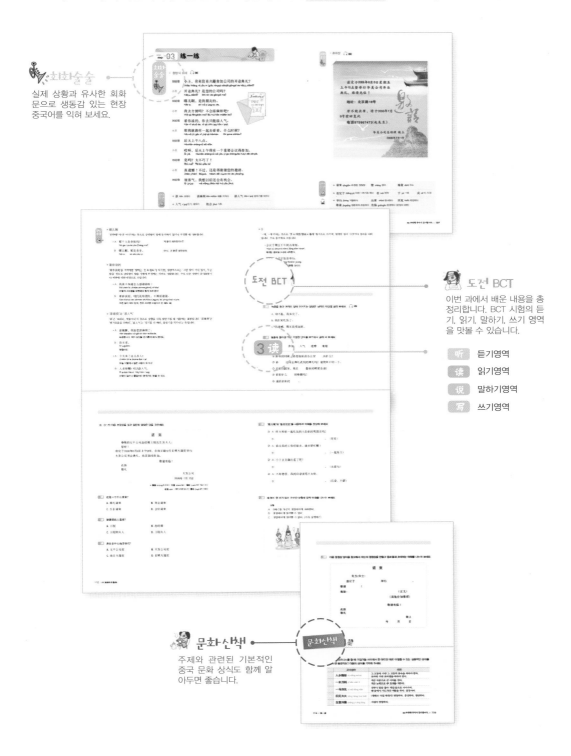

회화술술

실제 상황과 유사한 회화
문으로 생동감 있는 현장
중국어를 익혀 보세요.

도전 BCT

이번 과에서 배운 내용을 총
정리합니다. BCT 시험의 듣
기, 읽기, 말하기, 쓰기 영역
을 맛볼 수 있습니다.

听 듣기영역

读 읽기영역

说 말하기영역

写 쓰기영역

문화산책

주제와 관련된 기본적인
중국 문화 상식도 함께 알
아두면 좋습니다.

차례 :::

加油! 화이팅!
Jiāyóu

학습계획표 ∴∴∴

다음의 학습계획표를 참고하여 자신의 목표와 학습스타일에 맞는 계획표를 세워보세요.

■ 처음은 부담 없이 가볍게 할때 – 간단하게 한 마디씩 보는 코스

표현어 위주 학습 코스 30일 완성과정	주요 학습 내용
	짧은 구문과 간단한 대화를 학습하는 Step01과 Step02
	하루 학습 진행
	① 깔끔하게 정리하는 1권 핵심 녹음 듣기 → 따라하기
	② Step01 그림쏙쏙 보고 듣기 → 단어등장 → 그림쏙쏙 다시 보기 → 핵심콕콕 → 연습하며 쏙쏙
	③ Step02 그림쏙쏙 보고 듣기 → 단어등장 → 그림쏙쏙 다시 보기 → 핵심콕콕 → 연습하며 쏙쏙
	틈틈 자율학습
	'부록편 – 핵심문장카드'를 오려서 틈틈이 외우기

■ 말문이 좀 트인 것 같아 – 회화 능력 올려주는 코스

회화 위주 학습 코스 30일 완성과정	주요 학습 내용
	간단한 대화부터 활용회화를 학습하는 Step02와 Step03
	하루 학습 진행
	① Step02 그림쏙쏙 보고 듣기 → 단어등장 → 그림쏙쏙 다시 보고 말하기 → 핵심콕콕 → 연습하며 쏙쏙
	② Step03 회화 술술1 듣기 → 단어등장 → 핵심 콕콕 → 회화 술술 1 다시 듣고 말하기
	③ Step03 회화 술술2 듣기 → 단어등장 → 핵심 콕콕 → 회화 술술 2 다시 듣고 말하기
	틈틈 자율학습
	오디오 북과 MP3를 손에 들고 틈틈이 듣고 말하기

■ 초급 회화는 어느 정도 가능해 – **BCT에도 발 내딛는 코스**

	주요 학습 내용
회화와 BCT 학습 코스 40일 완성과정	주제 회화와 BCT 유형을 함께 학습하는 Step03, 도전BCT
	하루 학습 진행
	① Step01 핵심콕콕 → 연습하며 쓱쓱 → Step02 핵심콕콕 → 연습하며 쓱쓱
	② Step03 회화술술 듣기 → 단어등장 → 핵심콕콕 → 회화 술술 다시 듣고 말하기
	③ **도전BCT** 듣기영역 → 독해영역 → 말하기영역 → 쓰기영역
	틈틈 자율학습
	'부록편 – 어휘색인'을 활용해 주요 BCT 단어를 틈틈이 외우기

■ 한 자도 안 놓치고 완독할래 – **꼼꼼하게 챙겨 보는 코스**

	주요 학습 내용
성실 완독 학습 코스 50일 완성과정	생활회화와 BCT유형을 학습하는 〈리얼 비즈 중국어 2〉 전체
	하루 학습 진행
	① 깔끔하게 정리하는 1권 핵심 녹음 듣기 → 따라하기
	② Step01 그림쏙쏙 보고 듣기 → 단어등장 → 그림쏙쏙 다시 보기 → 핵심콕콕 → 연습하며 쓱쓱
	③ Step02 그림쏙쏙 보고 듣기 → 단어등장 → 그림쏙쏙 다시 보기 → 핵심콕콕 → 연습하며 쓱쓱
	④ Step03 회화술술 듣기 → 단어등장 → 핵심콕콕 → 회화 술술 다시 듣고 말하기
	⑤ **도전BCT** 듣기영역 → 독해영역 → 말하기영역 → 쓰기영역
	틈틈 자율학습
	오디오 북과 MP3를 손에 들고 틈틈이 듣고 말하기

BCT 소개 :::

■ BCT는?

BCT(Business Chinese Test, 商务汉语考试)는 일상생활과 비즈니스 활동에서 필요한 중국어 능력을 평가하기 위한 중국 정부 공인 중국어 시험입니다.
BCT는 기존의 어법과 암기 위주의 시험에서 벗어나 현장에서의 의사소통 능력을 중점적으로 측정하는 실용 중국어 능력 시험입니다.

■ BCT 구성

BCT는 듣기 · 독해 시험과 말하기 · 쓰기 시험으로 나누어집니다. 시험별로 개별 응시가 가능하며, 점수와 등급도 각각 발급됩니다.

〈듣기 · 독해 시험〉

영 역	문항 수	시 간	배 점	내 용
듣 기 听力	50	40	500	일상생활이나 비즈니스 관련 상황 중 이루어지는 대화의 주제나 사실, 발화자의 의도 등을 파악하기
독 해 阅读	50	60	500	일상생활이나 비즈니스 관련 상황에서 접할 수 있는 광고, 영수증, 메일, 설명서, 도표, 계약서 등을 파악하기
합 계	100	100	1000	100점 만점 원점수에 가중치를 적용해 1000점 만점 변환점수로 가공

〈말하기 · 쓰기 시험〉

영 역	문항 수	시 간	배 점	내 용
말하기 口语	2	10	500	일상생활과 비즈니스 상황에서의 의사소통 능력을 어법과 어휘, 발음, 논리성, 유창성 등을 기준으로 평가
쓰 기 写作	2	40	500	도표 형식의 비즈니스 관련 자료 해석, 서신 작성 등 문어체 표현 쓰기 평가
합 계	4	50	1000	100점 만점 원점수에 가중치를 적용해 1000점 만점 변환점수로 가공

■ BCT에서 다루는 중국어

BCT는 일상생활과 비즈니스 상황에서 구사하는 중국어 능력을 측정하는 만큼 시험에서 다루는 중국어 영역도 사회생활을 하는 사람들이 쉽게 접할 수 있는 영역을 다루고 있습니다.

영 역	세부 내용
구 매	가격 묻고 답하기, 지불 방식, 환불, 서비스 등
음 식	예약하기, 주문하기, 초대하기, 식사하기 등
이 동	교통수단 이용, 표 예약하기, 지도 보기, 길 묻기 등
인 사	감사 및 칭찬, 소개하기 등
설 명	자료 해석하기, 묘사하기 등
모 집	면접, 채용 공고, 이력서, 자기소개 등
대 우	임금, 상여, 휴가 등
연 락	전화 응답, 전달, 일정 메모, 서신 작성 등
계 약	계약 조건 조율, 계약 내용 확인, 항의 서신 작성 등
은 행	계좌 개설, 이체, 입출금, 대출 등
조 사	상품 분석, 시장 조사, 견학 등
회 의	의견 제시, 동의·반대하기, 보고하기 등

■ BCT에 도전하자!

《리얼 비즈 중국어》는 중국어를 단계별로 학습하면서 BCT도 함께 준비할 수 있도록 설계된 BCT 맞춤형 종합 교재입니다.

- ■ 1~2권 (초급) : 사회활동을 하는 학습자가 쉽게 접하는 생활 중국어 중심으로 학습
- ■ 3~4권 (중급) : 생활 중국어와 비즈니스 업무 중국어를 복합적으로 학습
- ■ 5~6권 (고급) : 비즈니스 현장에서 접하는 보다 전문적인 비즈니스 중국어를 학습

난이도	단 계	구 성	학습 시간	목표 BCT 등급
초급	1권	12과	48 ~ 50	2급
	2권	12과	48 ~ 50	
중급	3권	10과	50 ~ 52	3급
	4권	10과	50 ~ 52	
고급	5권	8과	56 ~ 60	4급
	6권	8과	56 ~ 60	

■BCT 등급 기준 및 점수

〈등급 기준〉

등 급	중국어 구사 수준
1급	실제 생활에서 필요한 중국어 의사소통 능력 미비
2급	실제 생활에서 중국어로 기본적인 의사소통 가능
3급	실제 생활에서 중국어로 비교적 효과적인 의사소통 가능
4급	실제 생활에서 중국어로 비교적 자연스럽고 능숙한 의사소통 가능
5급	실제 생활에서 자유자재로 시기적절한 중국어 의사소통 가능

〈등급별 점수〉

등 급	듣기 · 독해	듣기 · 독해 총점	말하기 · 쓰기	말하기 · 쓰기 총점
1급	각각 0 ~ 100	0 ~ 200	각각 0 ~ 100	0 ~ 200
2급	각각 101 ~ 200	201 ~ 400	각각 101 ~ 200	201 ~ 400
3급	각각 201 ~ 300	401 ~ 600	각각 201 ~ 300	401 ~ 600
4급	각각 301 ~ 400	601 ~ 800	각각 301 ~ 400	601 ~ 800
5급	각각 401 ~ 500	801 ~ 1000	각각 401 ~ 500	801 ~ 1000

※ 한 시험에서 영역 간 점수 폭이 한 등급 이상을 초과할 경우 총점의 등급보다 한 등급 낮은 등급이 발급됩니다.

■BCT 접수 방법

❶ BCT 공식 홈페이지에서 접수 (www.bctkorea.com)

↓

❷ 정보 등록, 시험 영역 및 고사장 선택

↓

❸ 접수 내용 확인

↓

❹ 응시료 결제 (듣기 · 독해 시험 35,000원, 말하기 · 쓰기 시험 55,000원)

↓

❺ 접수완료, 수험표 출력

复习
깔끔하게 정리하는 1권 핵심

이번 단원을 배우면!
• 1권의 핵심 내용을 짧은 시간에 확실히 기억할 수 있다.

A : 今天几月几号?　　　　오늘 몇 월 며칠이지?
　　Jīntiān jǐ yuè jǐ hào?

B : 今天五月三十号。　　　오늘은 5월 30일이야.
　　Jīntiān wǔ yuè sānshí hào.

A : 现在几点?　　　　지금 몇 시야?
　　Xiànzài jǐ diǎn?

B : 现在六点三刻。　　　지금 6시 45분이야.
　　Xiànzài liù diǎn sān kè.

A : 今天天气怎么样?　　　오늘 날씨가 어때?
　　Jīntiān tiānqì zěnmeyàng?

B : 天气预报说今天是晴天。　　일기예보에서 오늘은 맑은 날이래.
　　Tiānqì yùbào shuō jīntiān shì qíngtiān.

A : 我穿什么好?　　　　나 무슨 옷을 입어야 좋을까?
　　Wǒ chuān shénme hǎo?

B : 穿那套灰色的西服吧!　　저 회색 양복을 입어 봐!
　　Chuān nà tào huīsè de xīfú ba!

A：你每天怎么上班?
Nǐ měitiān zěnme shàngbān?

너는 매일 어떻게 출근하니?

B：坐公共汽车上班。
Zuò gōnggòngqìchē shàngbān.

버스를 타고 출근해.

A：又堵车了!
Yòu dǔchē le!

또 차가 막히는군!

B：地铁比公共汽车快。
Dìtiě bǐ gōnggòngqìchē kuài.

지하철이 버스보다 빠르지.

A：夏天快到了。
Xiàtiān kuài dào le.

곧 여름이네.

B：是的，天气越来越热。
Shì de, tiānqì yuèláiyuè rè.

그래. 날씨가 갈수록 더워져.

A：你在哪儿工作?
Nǐ zài nǎr gōngzuò?

당신은 어디서 일합니까?

B：在公司工作。
Zài gōngsī gōngzuò.

저는 회사에서 일합니다.

A：您好，这是我的名片。
Nín hǎo. zhè shì wǒ de míngpiàn.

안녕하세요. 제 명함입니다.

B：谢谢!
Xièxie!

감사합니다!

003

A：你什么时候毕业的？　　　당신은 언제 졸업한 건가요?
Nǐ shénme shíhou bìyè de?

B：去年。　　　　　　　　작년에요.
Qùnián.

A：你有哥哥吗？　　　당신은 형이 있나요?
Nǐ yǒu gēge ma?

B：我没有哥哥。　　　전 형이 없어요.
Wǒ méiyǒu gēge.

A：你的爱好是什么？　　　당신의 취미는 무엇인가요?
Nǐ de àihào shì shénme?

B：我的爱好是游泳。　　　제 취미는 수영입니다.
Wǒ de àihào shì yóuyǒng.

A：你的手机号码是多少？　　　휴대전화 번호가 몇 번인가요?
Nǐ de shǒujī hàomǎ shì duōshao?

B：我的手机号码是……。　　　제 휴대전화 번호는 ……입니다.
Wǒ de shǒujī hàomǎ shì ……

004

A : 他是谁?   그는 누구시죠?
Tā shì shéi?

B : 他是我们公司的总经理。 그는 우리 회사 회장님이에요.
Tā shì wǒmen gōngsī de zǒngjīnglǐ.

A : 女职员有多少?   여직원은 몇 명 있습니까?
Nǚzhíyuán yǒu duōshao ?

B : 300名左右。   300명 정도 있습니다.
Sānbǎi míng zuǒyòu.

A : 我找王经理。   왕 사장님을 찾는데요.
Wǒ zhǎo Wáng jīnglǐ.

B : 他不在。   안 계십니다.
Tā bú zài.

A : 王经理是谁?   왕 사장은 누구입니까?
Wáng jīnglǐ shì shéi?

B : 穿黑西服的那个人。 검은색 양복을 입은 저 사람입니다.
Chuān hēi xīfú de nà ge rén.

A : 今年的情况怎么样? 올해 상황이 어떤가요?
Jīnnián de qíngkuàng zěnmeyàng?

B : 比去年增长了20%。 작년보다 20% 증가했습니다.
Bǐ qùnián zēngzhǎng le bǎifēnzhī èrshí .

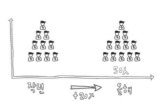

A : 你们公司怎么老加班啊？　너희 회사는 왜 항상 야근이야?
　　Nǐmen gōngsī zěnme lǎo jiābān a?

B : 因为老板是个工作狂！　왜냐하면 사장이 일벌레거든.
　　Yīnwèi lǎobǎn shì ge gōngzuòkuáng!

A : 带薪年假你休了吗？　유급연차휴가 쉬었어?
　　Dàixīn niánjià nǐ xiū le ma?

B : 我打算八月休假。　8월에 휴가를 쓸 예정이야.
　　Wǒ dǎsuan bā yuè xiūjià.

A : 真糟糕，我没带雨伞。　큰일이네. 우산을 안 가져왔어.
　　Zhēn zāogāo, wǒ méi dài yǔsǎn.

B : 别担心，我有两把雨伞。　걱정 마. 나 우산 두 개 있어.
　　Bié dānxīn, wǒ yǒu liǎng bǎ yǔsǎn.

A : 看来你的计划泡汤了。　보아하니 네 계획은 망친 것 같아.
　　Kàn lái nǐ de jìhuà pàotāng le.

B : 你别拿我开心了！　나 갖고 놀리지 마!
　　Nǐ bié ná wǒ kāixīn le!

A : 你吃过烤鸭吗？
Nǐ chī guo kǎoyā ma?

B : 没吃过。
Méi chī guo.

오리구이를 먹어 봤어?

못 먹어 봤어.

A : 来两瓶啤酒。
Lái liǎng píng píjiǔ.

B : 好的。请稍等。
Hǎo de. Qǐng shāo děng.

맥주 두 병 주세요.

네. 조금만 기다리세요.

A : 请吃吧。
Qǐng chī ba.

B : 这个菜有点儿辣。
Zhè ge cài yǒudiǎnr là.

어서 드세요.

이 요리는 조금 맵네요.

A : 服务员，买单！
Fúwùyuán, mǎidān!

B : 一共二十五块。
Yígòng èrshíwǔ kuài.

종업원, 계산해 주세요.

모두 25위안입니다.

A：我们去逛街吧。 우리 길거리 쇼핑하러 가자.
Wǒmen qù guàngjiē ba.

B：好吧，听你的！ 좋아, 네 말대로 할게!
Hǎo ba, tīng nǐ de!

A：一件连衣裙多少钱? 원피스 한 벌에 얼마입니까?
Yí jiàn liányīqún duōshao qián?

B：一件三百七十八块。 한 벌에 378위안입니다.
Yí jiàn sānbǎi qīshíbā kuài.

A：如果你喜欢，就买吧！ 맘에 들면 사!
Rúguǒ nǐ xǐhuan, jiù mǎi ba!

B：喜欢是喜欢，不过太贵。 맘에 들긴 하지만, 너무 비싸.
Xǐhuan shì xǐhuan, búguò tài guì.

A：给您三百八。 380위안 드릴게요.
Gěi nín sānbǎi bā.

B：找您两块。 2위안 거슬러 드릴게요.
Zhǎo nín liǎng kuài.

A：你几点睡觉? 몇 시에 주무세요?
Nǐ jǐ diǎn shuìjiào?

B：我晚上十一点半睡觉。 밤 11시 반에 잡니다.
Wǒ wǎnshang shíyī diǎn bàn shuìjiào.

文件在哪儿?
서류는 어디에 있나요?

이번 단원을 배우면!

• 사람의 외모를 중국어로 묘사할 수 있다.
• 사물의 위치를 중국어로 설명할 수 있다.

 ■ 사람의 외모와 관련된 표현을 여러 번 듣고 따라 해 봅시다.

008

① 　　大，小

②

③

④

⑤

⑥

⑦

⑧

● 样子 yàngzi 외모　　个子 gèzi 키　　头发 tóufa 머리카락　　脸 liǎn 얼굴
眼睛 yǎnjing 눈　　鼻子 bízi 코　　嘴 zuǐ 입　　胡子 húzi 수염
直发 zhífà 생머리　　卷发 juǎnfà 곱슬머리

009

● 大 dà (크기가) 크다　　小 xiǎo 작다　　多 duō 많다　　少 shǎo 적다
长 cháng 길다　　短 duǎn 짧다　　高 gāo (높이가) 높다, 크다　　矮 ǎi 작다
瘦 shòu 마르다　　胖 pàng 뚱뚱하다　　圆 yuán 둥글다

■ **형용사의 중첩**

사람의 외모를 묘사할 때는 종종 단음절 형용사를 반복해서 'AA + 的'의 형태로 표현합니다. 이렇게 단음절 형용사를 반복하면 의미가 강조됩니다.

- 他的个子高高的。　　　　　　그는 키가 크다.
  Tā de gèzi gāogāo de.

- 小王瘦瘦的。　　　　　　　　샤오왕은 말랐다.
  Xiǎo Wáng shòushòu de.

- 头发长长的。　　　　　　　　머리카락이 길다.
  Tóufa chángcháng de.

■ **又~又~**

'~하고 ~하다'라는 뜻으로 두 가지 특징을 함께 묘사할 때, '又 + 형용사1 + 又 + 형용사2'의 형태로 쓰입니다.

- 头发又黑又长。　　　　　　　머리가 까맣고 길다. (주로 아름다운 여자를 형용할 때 사용)
  Tóufa yòu hēi yòu cháng.

- 他又矮又瘦。　　　　　　　　그는 키도 작고 말랐다.
  Tā yòu ǎi yòu shòu.

- 眼睛又大又圆。　　　　　　　눈이 크고 동그랗다.
  Yǎnjing yòu dà yòu yuán.

 연습하며 쓱쓱

■ 녹음을 다시 듣고 그림 쓱쓱 의 빈 칸을 채워 보세요. 또한 등장인물의 외모를 묘사해 보세요.

보기　　① 大，小

■ 다음 그림을 보고 각 인물의 외모를 묘사해 보세요.

① 　　② 　　③

■ 사물의 위치를 묘사하는 표현을 듣고 말해 봅시다.

010

① 桌子在办公室里。

②

③

④

⑤

⑥

- 办公室 bàngōngshì 사무실　　桌子 zhuōzi 책상　　椅子 yǐzi 의자　　电脑 diànnǎo 컴퓨터
  打印机 dǎyìnjī 프린터　　复印机 fùyìnjī 복사기　　传真机 chuánzhēnjī 팩스
  文件柜 wénjiànguì 서류정리함　文件 wénjiàn 서류　　文具 wénjù 문구

011

- 有 yǒu 있다　　　　　　　在 zài 있다

- 哪儿 nǎr 어디 (의문사)　　上(边) shàng(bian) 위쪽　　下(边) xià(bian) 아래쪽
  左(边) zuǒ(bian) 왼쪽　　右(边) yòu(bian) 오른쪽　里(边) lǐ(bian) 안쪽　外(边) wài(bian) 바깥쪽
  东边 dōngbian 동쪽　　　南边 nánbian 남쪽　　　西边 xībian 서쪽　　北边 běibian 북쪽
  旁边 pángbiān 옆쪽　　　前边 qiánbian 앞쪽　　　后边 hòubian 뒤쪽

■ 사물의 위치 묘사하기 (Ⅰ)

① ~이 ~에 있다 : 사물 + 在 + 위치

- 电脑在桌子上。 컴퓨터가 책상 위에 있다.
  Diànnǎo zài zhuōzi shang.

- 书在书架上。 책이 책꽂이 위에 있다.
  Shū zài shūjià shang.

- 文件在柜子里。 서류가 사물함 안에 있다.
  Wénjiàn zài guìzi li.

- 桌子在办公室南边。 책상이 사무실 남쪽에 있다.
  Zhuōzi zài bàngōngshì nánbian.

*书架 shūjià 책꽂이

② ~에 ~이 있다 : 위치 + 有 + 사물

- 桌子上有电脑。 책상 위에 컴퓨터가 있다.
  Zhuōzi shang yǒu diànnǎo.

- 书架上有书。 책꽂이 위에 책이 있다.
  Shūjià shang yǒu shū.

- 柜子里有文件。 사물함 안에 서류가 있다.
  Guìzi li yǒu wénjiàn.

- 办公室南边有一张桌子。 사무실 남쪽에 책상 하나가 있다.
  Bàngōngshì nánbian yǒu yì zhāng zhuōzi.

■ 녹음을 다시 듣고 그림 쏙쏙 의 빈 칸을 채워 보세요.

[보기]   ① 桌子在办公室里。

■ 그림 쏙쏙 을 참고해서 자신의 사무실에 있는 사물의 위치를 묻고 답해 보세요.

①Q：办公室里有什么?　　A：　　　有　　　　。

②Q：汉语书在哪儿?　　A：　　　在　　　　。

step 03 练一练

■ 사무실에서 012

刘总	张秘书，你看见我的文件了吗？ Zhāng mìshū, nǐ kànjian wǒ de wénjiàn le ma?
张秘书	您的桌子上放着一份文件。 Nín de zhuōzi shang fàngzhe yí fèn wénjiàn.
刘总	那不是我找的。 Nà bú shì wǒ zhǎo de.
张秘书	在不在您的柜子里？ Zài bu zài nín de guìzi li?
刘总	噢，我找到了。 Ō, wǒ zhǎodào le.

013

- 总 zǒng 사장   份 fèn 부 (서류 등을 세는 양사)

- 放着 fàngzhe 놓여 있다   看 kàn 보다   找 zhǎo 찾다

- 见 jiàn 보(이)다   到 dào ~하게 되었다 (동작의 결과)

- 噢 ō 아!(감탄사)

■ 우사장의 외모  🎧 014

李丽　新来的吴经理长什么样子?
　　　Xīn lái de Wú jīnglǐ zhǎng shénme yàngzi?

秘书　他又高又瘦，方脸，小眼睛，头发短短的。
　　　Tā yòu gāo yòu shòu, fāngliǎn, xiǎo yǎnjing, tóufa duǎnduǎn de.

李丽　吴经理的夫人呢?
　　　Wú jīnglǐ de fūrén ne?

秘书　听说，吴经理的夫人也是位美人，瓜子脸，皮肤白白的，
　　　Tīngshuō, Wú jīnglǐ de fūrén yě shì wèi měirén,　guāzǐliǎn,　pífū báibái de,

　　　头发又黑又直。
　　　tóufa yòu hēi yòu zhí.

- 长 ① cháng 길다 ② zhǎng 생기다(외모), 자라다

- 方脸 fāngliǎn 네모진 얼굴　　　美人 měirén 미인　　瓜子脸 guāzǐliǎn 계란형 얼굴
  皮肤 pífū 피부

- 听说 tīngshuō 듣자하니

■ 사물의 위치 묘사하기 (II)

③ ~이 ~에 놓여 있다 : 위치 + 放着 + 사물

- 桌子上放着一台电脑。
  Zhuōzi shang fàngzhe yì tái diànnǎo.

  책상 위에는 컴퓨터가 한 대 놓여 있다.

- 书架上放着书。
  Shūjià shang fàngzhe shū.

  책꽂이에는 책이 놓여 있다.

- 柜子里放着(很多)文件。
  Guìzi li fàngzhe (hěn duō) wénjiàn.

  사물함에는 (많은) 서류가 놓여 있다.

■ '看见', '找到'의 결과보어

중심이 되는 동사 뒤에서 동작으로 인해 발생한 결과를 보여주는 보어를 '결과보어'라고 합니다.
'见'과 '到'는 동사 뒤에서 동사의 명확한 결과를 보여줍니다.

- 我昨天在商店看见你了。
  Wǒ zuótiān zài shāngdiàn kànjian nǐ le.

  나는 어제 상점에서 너를 보았다.

- 在桌子上找到了你的手机。
  Zài zhuōzi shang zhǎodào le nǐ de shǒujī.

  책상 위에서 네 휴대전화를 찾았다.

■ 长

'长'은 'cháng'과 'zhǎng' 두 가지 방법으로 읽습니다. 'cháng'으로 발음하면 '길다'는 의미이고,
'zhǎng'으로 발음하면 '자라다, 생기다'를 의미합니다.

- 她的头发又黑又长。
  Tā de tóufa yòu hēi yòu cháng.

  그녀의 머리는 까맣고 길다.

- 他长什么样子?
  Tā zhǎng shénme yàngzi?

  그는 어떻게 생겼니?

도전 BCT

1 听 녹음을 듣고 녹음의 내용과 일치하는 그림을 고르세요. 🎧 016

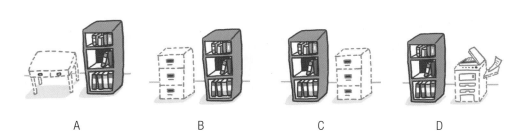

A   B   C   D

2 听 녹음을 듣고 녹음의 내용과 일치하는 그림을 고르세요. 🎧 017

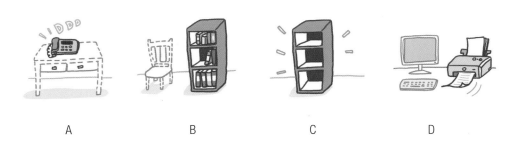

A   B   C   D

3 听 녹음을 듣고 小赵를 고르세요. 🎧 018

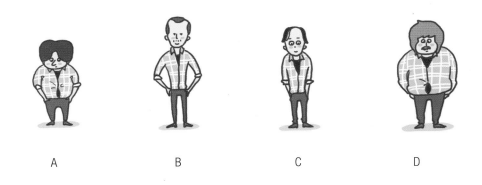

A   B   C   D

녹음을 듣고 张总의 부인을 고르세요. 019

A   B   C   D

※ (5～6) 다음 지문을 읽고 질문에 알맞은 답을 고르세요.

> 新来的小李，二十八岁，很年轻。个子又高又瘦，瓜子脸，眼睛大大的，头发又黑又长，还有樱桃小嘴，真漂亮。

＊ **樱桃小嘴** yīngtáo xiǎozuǐ 앵두같이 빨간 입술

5 读 小李今年多大?

A. 27岁   B. 28岁

C. 18岁   D. 30岁

6 读 小李长得怎么样?

A. 个子矮，很瘦   B. 短发，小眼睛

C. 卷发，大眼睛   D. 个子高，很瘦

7 说 A, B의 그림을 비교하여 달라진 네 곳을 찾아 보기 와 같이 중국어로 설명해 보세요.

A   B

보기 A : 桌子上放着一台电话。

B : 桌子上没有电话。

① A : _____

B : _____

② A : _____

B : _____

③ A : _____

B : _____

④ A : _____

B : _____

＊空调 kōngtiáo 에어컨

8 写 〔보기〕의 단어를 활용하여 자신의 이상형을 중국어로 작문해 보세요. (30자 이상)

> 〔보기〕
>
> 长　个子　脸型　头发　眼睛　鼻子　嘴
> 大　小　高　矮　直　卷　圆

문화산책

중국의 미인

중국의 고전적인 미인은 눈꼬리가 위로 올라간 눈, 앙증맞은 코, 앵두 같은 입술, 백옥 같은 피부, 계란형 얼굴이 특징입니다. 춘추전국시대의 서시(西施 Xīshī), 한나라의 왕소군(王昭君 Wáng Zhāojūn), 삼국시대의 초선(貂蝉 Diāo Chán), 당나라의 양귀비(楊貴妃 Yáng Guìfēi)가 중국의 유명한 4대 미인입니다.

[양귀비를 형상화한 그림과 동상]

这是什么材料的?
이것은 무슨 재료로 만든 건가요?

이번 단원을 배우면!

• 사물의 외적 특징을 설명할 수 있다.
• 고객에게 상품을 설명할 수 있다.

step 01 认一认

 그림 쏙쏙

■ 일상생활에서 사용하는 상품명을 여러 번 듣고 따라 해 봅시다.

020

① 电视

②

③

④

⑤

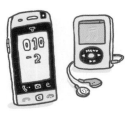

⑥

 단어 등장

021

- 电视 diànshì 텔레비전

  笔记本电脑 bǐjìběn diànnǎo 노트북컴퓨터

  光盘 guāngpán CD

  摄像机 shèxiàngjī 캠코더

  手机 shǒujī 휴대전화

  空调 kōngtiáo 에어컨

  鼠标 shǔbiāo 마우스

  U盘 u pán USB

  数码相机 shùmǎ xiàngjī 디지털카메라

  MP3 mpsān MP3

■ 사물의 특징

어떤 사물의 특징을 말할 때에는 다음과 같은 항목과 단어를 주로 사용합니다.

牌子 páizi 상표	有名 yǒumíng 유명하다　新 xīn 새롭다　流行 liúxíng 유행하다 传统 chuántǒng 전통스럽다 ……
颜色 yánsè 색	白色 báisè 흰색　黑色 hēisè 검은색　红色 hóngsè 빨간색 鲜艳 xiānyàn 산뜻하다 ……
功能 gōngnéng 기능	全 quán 완전하다　强大 qiángdà 강하다 ……
价格 jiàgé 가격	贵 guì 비싸다　便宜 piányi 값싸다 ……
形状 xíngzhuàng 형태	圆形 yuánxíng 원형　方形 fāngxíng 사각형 长方形 chángfāngxíng 직사각형 ……
大小 dàxiǎo 크기	薄 báo 얇다　宽 kuān 넓다　厚 hòu 두껍다 ……
材料 cáiliào 재료	玻璃 bōli 유리　皮革 pígé 가죽　塑料 sùliào 플라스틱 木头 mùtou 나무　金属 jīnshǔ 금속 ……

■ 사물의 특징 설명하기 (I)

사물의 속성이나 재료 등과 관련된 특징을 설명할 때는 '是 + (속성을 나타내는) 명사성분 + 的'
의 형태를 사용합니다.

- 桌子是木头的。
  Zhuōzi shì mùtou de.
  책상은 나무로 만들어졌다.

- 我的手机是三星的。
  Wǒ de shǒujī shì Sānxīng de.
  내 휴대전화는 삼성 제품이다.

■ 녹음을 다시 듣고 그림 쏙쏙의 빈 칸을 채워 보세요. 그리고 각 상품의 특징을 설명해 보세요.

보기 　① 电视。 →　这台电视是三星的。

■ 다음 그림을 보고 물건의 특징을 설명해 보세요.

① 　② 　③

■ 제품의 특성을 묻고 대답해 봅시다.

① Q：什么形状?　　② Q：有多大?　　③ Q：什么颜色?

　　A：长方形。　　　　A：　　　　　　　A：

④ Q：什么材料的?　⑤ Q：什么牌子?　⑥ Q：这是什么?

　　A：　　　　　　　A：　　　　　　　A：

● 宽 kuān 넓다

● 长方形 chángfāngxíng 직사각형　　厘米 límǐ 센티미터　　米 mǐ 미터

■ **사물의 특징 설명하기 (Ⅱ)**

사물의 수량이나 정도와 관련된 특징을 설명할 때에는 '有 + 수량 (+ 大, 长, 宽, 高, 重, 远 등)' 의 형태로 표현합니다.

• Q : 这个箱子有多重? Zhè ge xiāngzi yǒu duō zhòng?	이 상자 무게가 얼마나 나가나요?
A : 这个箱子有二十公斤重。 Zhè ge xiāngzi yǒu èrshí gōngjīn zhòng.	이 상자는 20kg입니다.
• Q : 今天的气温有多高? Jīntiān de qìwēn yǒu duō gāo?	오늘 기온이 얼마나 높나요?
A : 今天有二十多度。 Jīntiān yǒu èrshí duō dù.	오늘은 20도가 넘어요.

＊公斤 gōngjīn 킬로그램 | 气温 qìwēn 기온

■ **컴퓨터, USB의 용량**

컴퓨터나 USB의 용량은 'G'로 표시하고 중국어로도 영문 G로 읽습니다.

• Q : 这个U盘内存有多大? Zhè ge U pán nèicún yǒu duō dà?	이 USB의 용량은 얼마인가요?
A : 这个U盘内存是8G的。 Zhè ge U pán nèicún shì bā G de.	이 USB의 용량은 8G이다.
• 这台电脑硬盘内存是640G的。 Zhè tái diànnǎo yìngpán nèicún shì liùbǎi sìshí G de.	이 컴퓨터의 하드디스크 용량은 640G이다.

＊硬盘 yìngpán 하드디스크 | 内存 nèicún 용량

■ 녹음을 다시 듣고, 그림 쏙쏙 의 빈 칸을 채워 보세요.
  또한 ⑥번에서는 앞에서 설명하는 제품이 무엇인지 그림에서 찾아 적어 보세요.

　[보기]　① Q : 什么形状?　A : 长方形。

■ 다음 그림을 보고 상품의 수량과 관련된 특징을 설명해 보세요.

■ 전자제품 상점에서 🎧 024

售货员 小姐，您好！需要帮忙吗？
Xiǎojie, nín hǎo! Xūyào bāngmáng ma?

王芳 我想买个新手机。
Wǒ xiǎng mǎi ge xīn shǒujī.

售货员 您想买什么牌子的呢？
Nín xiǎng mǎi shénme páizi de ne?

王芳 三星的吧，我听说三星出了新型号的手机。
Sānxīng de ba, wǒ tīngshuō Sānxīng chū le xīn xínghào de shǒujī.

售货员 是的。您看，就是这款。
Shì de. Nín kàn, jiùshì zhè kuǎn.

王芳 没有别的颜色吗？我不喜欢黑的。
Méiyǒu bié de yánsè ma? Wǒ bù xǐhuan hēi de.

售货员 有，还有红色和白色的。
Yǒu, háiyǒu hóngsè hé báisè de.

王芳 给我看看白色的吧。
Gěi wǒ kànkan báisè de ba.

这一款多少钱？
Zhè yì kuǎn duōshao qián?

售货员 3690块。
Sānqiān liùbǎi jiǔshí kuài.

王芳 那我就要这个了。
Nà wǒ jiùyào zhè ge le.

025

- 需要 xūyào 필요하다　　　想 xiǎng ~하고 싶다　　　出 chū 나오다

- 型号 xínghào 모델　　　款 kuǎn 종류, 스타일 (양사)

- 别 bié 다른　　　还 hái 또, 게다가

■ 需要

'需要 + 명사'의 형태로 쓰이며 '~이 필요하다'라는 의미입니다.

- 现代人都需要手机。　　　　　현대인들은 모두 휴대전화가 필요하다.
  Xiàndàirén dōu xūyào shǒujī.

- 我们需要休息。　　　　　　　우리는 휴식이 필요하다.
  Wǒmen xūyào xiūxī.

■ 想

'想 + 동사'의 형태로 쓰이며 '~을 하고 싶다'는 의미입니다.

- 我想买个新手机。　　　　　　나는 새 휴대전화를 사고 싶다.
  Wǒ xiǎng mǎi ge xīn shǒujī.

- 他想早点儿回家。　　　　　　그는 조금 일찍 집에 가고 싶어 한다.
  Tā xiǎng zǎo diǎnr huíjiā.

■ 给

'给 + 사람 + 동사' 형태로 쓰이며 '~에게'라는 의미입니다.

- 你给我看看你新买的电脑。　　새로 산 컴퓨터를 나에게 보여 줘.
  Nǐ gěi wǒ kànkan nǐ xīn mǎi de diànnǎo.

- 我给张经理打电话。　　　　　나는 장 사장에게 전화를 건다.
  Wǒ gěi Zhāng jīnglǐ dǎ diànhuà.

1 听 녹음을 듣고 질문에 알맞은 답을 고르세요. 🎧 026

Q : 这是什么?

A   B   C   D

2 听 녹음을 듣고 질문에 알맞은 답을 고르세요. 🎧 027

Q : 这是什么?

A   B   C   D

3 听 녹음을 듣고 설명하는 사물을 고르세요. 🎧 028

Q : 这是什么?

A. 手机   B. MP3

C. 笔记本电脑   D. 摄像机

三星 新型手机

i908L 手机

- 内存 : 2G
- 可以看影音文件
- Windows Mobile 6.1 Professional 操作系统
- 500万像素数码相机
- 紫色和咖啡色

价格 3999元

＊ **像素** xiàngsù 화소 | **影音** yǐngyīn 음향 영상 | **紫色** zǐsè 자주색
咖啡色 kāfēisè 커피색 | **操作系统** cāozuò xìtǒng 운영체제 | **价格** jiàgé 가격

4 读 三星的新手机有什么颜色?

A. 白色   B. 黑色   C. 绿色   D. 紫色

5 读 新手机有什么功能?

A. 可以发邮件   B. 有摄像机   C. 可以照相   D. 有GPS

6 说 다음 항목에 기준하여 현재 자신이 소지하고 있는 사물의 특징을 상대방에게 중국어로
소개해 보세요.

① 모양 形状 : _____

② 상표 牌子 : _____

③ 색깔 颜色 : _____

④ 가격 价格 : _____

⑤ 기능 功能 : _____

⑥ 재료 材料 : _____

⑦ 크기 大小 : _____

세계적으로 유명한 상표의 중문 이름을 알아보고, 그 상표의 주요 제품을 조사해서 아래의 표를 완성해 보세요.

品 牌 检 索

상표	중문 이름	주요 제품
소니 (Sony)	索尼 Suǒní	电视、照相机、摄像机
델 (Dell)	戴尔 Dài'ěr	
	苹果 Píngguǒ	电脑、MP3
삼성		
현대	现代 Xiàndài	汽车

* **品牌** pǐnpái 브랜드 | **检索** jiǎnsuǒ 검색

 문화산책

중국의 영향력 있는 6대 브랜드

海尔 Hǎi'ěr 가전제품

联想 Liánxiǎng 컴퓨터, 노트북

蒙牛 Méngniú 유제품

青岛啤酒 Qīngdǎo píjiǔ 맥주

吉利 Jílì 자동차

李宁 Lǐníng 스포츠 용품

塑料的不如木头的舒服。

플라스틱 제품은 나무 제품보다 편하지 않아요.

이번 단원을 배우면!

· 인물이나 상황을 비교 설명할 수 있다.
· 상품을 비교 설명할 수 있다.

두 대상을 비교하는 표현을 여러 번 듣고 따라 해 봅시다.

① 张明比李华重五公斤 。

②

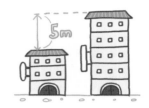

③

④

⑤

⑥

- 楼房 lóufáng 다층건물　销售率 xiāoshòulǜ 판매율　成绩 chéngjì 성적

- 首尔 Shǒu'ěr 서울　釜山 Fǔshān 부산

- 比 bǐ ~보다

■ 비교의 표현(Ⅰ)

'比'는 '~보다'라는 뜻으로 두 개의 대상을 비교할 때 사용하고, 비교의 결과는 뒤에 옵니다. 즉, 'A + 比 + B + 형용사 (+ 수량성분)'의 형태로 표현합니다.

·姐姐比我大一岁。 Jiějie bǐ wǒ dà yí suì.	언니는 나보다 한 살이 많다.
·我们班的学生比你们班的少三个。 Wǒmen bān de xuésheng bǐ nǐmen bān de shǎo sān ge.	우리 반 학생은 너희 반보다 세 명 적다.
·他比我大一点儿。 Tā bǐ wǒ dà yìdiǎnr.	그는 나보다 나이가 조금 많다.

■ 비교의 표현(Ⅰ)의 부정형

'比' 비교문의 부정은 'A + 不比 + B + 형용사'의 형태로 표현합니다. 'A는 B보다 ~하지 않다'는 의미입니다.

·他不比我胖。 Tā bù bǐ wǒ pàng.	그는 나보다 뚱뚱하지 않다.
·小王不比小李聪明。 Xiǎo Wáng bù bǐ Xiǎo Lǐ cōngming.	샤오왕은 샤오리보다 똑똑하지 않다.

■ 녹음을 다시 듣고 그림 쓱쓱 의 빈 칸을 채워 보세요.

[보기]　① 张明比李华重五公斤。

■ '比'와 '不比'를 사용하여 다음 그림을 비교해 보세요.

■ 다음 그림을 보고 상품을 비교하는 대화를 듣고 말해 봅시다.

①

Q : 这两张桌子的价钱一样，586块。

A : 你看错了，这张比那张贵1000块呢！

②

Q : 红色的和黑色的一样漂亮。

A :

③

Q : 这个塑料的好不好？

A :

● 比较 bǐjiào 비교하다   错 cuò 틀리다

● 价钱 jiàqián 가격

● 张 zhāng 넓고 평평한 것을 세는 양사   辆 liàng 자동차나 자전거를 세는 양사
把 bǎ 길쭉한 물건을 세는 양사

● 一样 yíyàng ～와 같다   不如 bùrú ～만 못하다

■ **비교의 표현 (Ⅱ)**

대상 간의 공통점을 비교할 때에는 'A + 和 + B + 一样 (+ 형용사)'의 형태로 표현하고, 차이점을 비교할 때에는 'A + 和 + B + 不一样 (+ 형용사)'의 형태로 표현합니다.

· 他的西服和我的西服一样。　　　　그의 양복과 내 양복은 똑같다.
　Tā de xīfú hé wǒ de xīfú yíyàng.

· 小金和小崔一样漂亮。　　　　　　샤오진과 샤오추이는 똑같이 예쁘다.
　Xiǎo Jīn hé Xiǎo Cuī yíyàng piàoliang.

· 我们不一样高，他比我高一点。　　우리는 키가 달라, 그가 나보다 조금 커.
　Wǒmen bù yíyàng gāo, tā bǐ wǒ gāo yìdiǎn.

■ **비교의 표현 (Ⅲ)**

'A는 B보다 못하다, A는 B만큼 ~하지 못하다'라는 의미는 'A + 不如 + B + 형용사' 혹은 'A + 没有 + B + 형용사' 형태를 사용합니다.

· 穿裤子不如穿裙子漂亮。　　　　　바지를 입는 것은 치마를 입는 것보다 덜 예쁘다.
　Chuān kùzi bùrú chuān qúnzi piàoliang.

· 现在的工作没有以前的工作累。　　지금 일은 예전 일만큼 힘들지 않다.
　Xiànzài de gōngzuò méiyǒu yǐqián de gōngzuò lèi.

· 今天没有昨天冷。　　　　　　　　오늘은 어제만큼 춥지 않다.
　Jīntiān méiyǒu zuótiān lěng.

＊裤子 kùzi 바지 | 裙子 qúnzi 치마

■ 녹음을 다시 듣고 그림 쏙쏙 의 빈 칸을 채워 보세요.

[보기] ① Q: 这两张桌子的价钱一样，586 块。
　　　　　A: 你看错了，这张比那张贵1000块呢！

■ '不如'와 '没有'를 사용하여 아래의 문장을 바꿔 보세요.

① 你的房间比我的房间大。　　→
② 这本书比那本书贵。　　　　→
③ 哥哥一米八，弟弟一米七五。→
④ 坐地铁比开车快。　　　　　→

step 03 练一练

■ 샤오리우와 샤오리 🎧 033

小刘和小李的出生年月一样，都是 1976 年 9月，不过
Xiǎo Liú hé Xiǎo Lǐ de chūshēng niányuè yíyàng, dōu shì yī jiǔ qī liù nián jiǔ yuè, búguò

小刘比小李大一天。小刘不如小李帅气，小李没有小刘聪明，
Xiǎo Liú bǐ Xiǎo Lǐ dà yì tiān. Xiǎo Liú bùrú Xiǎo Lǐ shuàiqì, Xiǎo Lǐ méiyǒu Xiǎo Liú cōngming,

不过他们都有一个漂亮的女朋友。 小刘和小李的工作不一样，
búguò tāmen dōu yǒu yí ge piàoliang de nǚpéngyou. Xiǎo Liú hé Xiǎo Lǐ de gōngzuò bù yíyàng,

小刘是医生，小李是公司职员。不过，他们的爱好一样，都喜欢
Xiǎo Liú shì yīshēng, Xiǎo Lǐ shì gōngsī zhíyuán. Búguò, tāmen de àihào yíyàng, dōu xǐhuan

打网球。
dǎ wǎngqiú.

● 出生年月 chūshēng niányuè 출생년월

● 帅气 shuàiqì 멋지다, 잘생기다(주로 남자를 형용)   聪明 cōngming 똑똑하다

🎧 034

● 爱好 àihào 취미   打网球 dǎ wǎngqiú 테니스를 치다

● 都 dōu 모두   不过 búguò 그러나

■ 都

'都 + 동사'는 '모두 ~하다'라는 의미로 어떠한 대상의 공통점을 포괄하는 표현입니다. '都'는 포괄하는 대상의 뒤에 위치합니다.

- 我们都是大学生。 우리는 모두 대학생이다.
  Wǒmen dōu shì dàxuéshēng.

- 他们都在公司工作。 그들은 모두 회사에서 일한다.
  Tāmen dōu zài gōngsī gōngzuò.

■ 不过

우리말의 '그러나'에 해당하는 표현으로, 앞선 상황에 대한 부정이나 반전을 의미합니다. 유사한 표현으로는 '但是', '可是'가 있습니다.

- 这种相机功能很不错，不过价格挺贵。
  Zhè zhǒng xiàngjī gōngnéng hěn bú cuò, búguò jiàgé tǐng guì.
  이 종류의 사진기는 기능은 좋지만 가격이 매우 비싸다.

- 他比我大两岁，但是我比他高。
  Tā bǐ wǒ dà liǎng suì, dànshì wǒ bǐ tā gāo.
  그는 나보다 두 살이 많지만, 내가 그보다 크다.

＊但是 dànshì 그러나 | 挺 tǐng 매우

■ 자주 쓰이는 형용사

热	rè 덥다	冷	lěng 춥다	快	kuài 빠르다	慢	màn 느리다
好	hǎo 좋다	坏	huài 나쁘다	远	yuǎn 멀다	近	jìn 가깝다
厚	hòu 두껍다	薄	báo 얇다	重	zhòng 무겁다	轻	qīng 가볍다
暖和	nuǎnhuo 따뜻하다	凉快	liángkuài 시원하다	难	nán 어렵다	容易	róngyì 쉽다
聪明	cōngming 똑똑하다	笨	bèn 멍청하다	干净	gānjing 깨끗하다	脏	zāng 더럽다

1 听 녹음을 듣고 질문에 알맞은 답을 고르세요. 🎧 035

① 今天比昨天热吗?   A. 是   B. 否   C. 一样

② 张经理比李经理瘦吗?   A. 是   B. 否   C. 一样

③ 绿茶比咖啡贵吗?   A. 是   B. 否   C. 一样

④ 102房间比105房间大吗?   A. 是   B. 否   C. 一样

⑤ 邮局比银行近吗?   A. 是   B. 否   C. 一样

＊否 fǒu 아니다, 틀리다

2 听 녹음을 듣고 빈 칸에 들어갈 내용을 적어 보세요. 🎧 036

> 西单_____王府井_____，都是北京有名的购物中心。王府井比西单大一些，不过西单的东西比王府井的_____；西单_____王府井的名牌多，但王府井的商品品种_____西单多。

＊ **西单** Xīdān 시단(지명) | **王府井** Wángfǔjǐng 왕푸징(지명) | **购物** gòuwù 구매하다
中心 zhōngxīn 센터 | **名牌** míngpái 유명브랜드 | **品种** pǐnzhǒng 상품 종류

3 读 다음 지문을 읽고, 내용과 일치하면 ○, 틀리면 ×를 표시하세요.

> 小李和小刘的生日一样，都是 1978年3月10日。小李不如小刘高，小刘没有小李重；小李和小刘的工作不一样，小李是老师，小刘是律师。不过，他们的爱好一样，都喜欢看电影。

① 小李和小刘的生日完全一样。   (   )

② 小李又高又瘦。   (   )

③ 小李和小刘的工作一样，他们的爱好也一样。   (   )

4 读 〈토끼와 거북이 〈**龟兔赛跑**〉〉 이야기에 맞도록 다음 글을 완성해 보세요.

兔子：我 ① 你跑得快。

乌龟：我 ① 你慢，不过你 ② 我有耐力。

他们决定比赛跑步

结果，乌龟赢了，兔子输了。

兔子：我 ① 你跑得快，为什么输了？

乌龟：速度 ② 耐力重要。

① A. 一样　　B. 不如　　C. 比　　D. 和

② A. 一样　　B. 不如　　C. 比　　D. 和

* **龟兔赛跑** guītù sàipǎo 토끼와 거북이의 달리기 경주 | **兔子** tùzi 토끼 | **乌龟** wūguī 거북이 | **跑** pǎo 달리기하다 | **耐力** nàilì 인내심
决定 juédìng 결정하다 | **结果** jiéguǒ 결국 | **赢** yíng 이기다 | **输** shū 지다 | **速度** sùdù 속도 | **更** gèng 더욱 | **重要** zhòngyào 중요하다

5 说 보기를 참고하여 각각의 공통점과 차이점을 비교해 보세요.

보기　老板和职员　　　老板比职员大二十岁。
老板的个子不如职员的高。
职员的经验没有老板的丰富。
老板和职员一样喜欢看足球比赛。

* **经验** jīngyàn 경험 | **丰富** fēngfù 풍부하다

① 男人和女人　　　_____ 比 _____。
_____ 不如 _____。
_____ 没有 _____。
_____ 和 _____ 一样 _____。

② 韩国菜和中国菜　　_____ 比 _____。
_____ 不如 _____。
_____ 没有 _____。
_____ 和 _____ 一样 _____。

6 写 그림을 보고 보기와 같이 문장을 완성해 보세요.

보기

张先生和李先生的工作一样，
都是经理。

①

_____ 和 _____ 一样，
都 _____ 。

* 汉堡包 hànbǎobāo 햄버거

②

_____ 和 _____ 不一样，
_____ 比 _____ 。

③

_____ 和 _____ 不一样，
_____ 比 _____ 。

문화산책

빨간 봉투와 하얀 봉투

'**入乡随俗** rù xiāng suí sú (그 고장에 가면 그 고장의 풍속을 따라야 한다)'는 새로운 곳에 가면 그 지역의 풍속과 습관에 따라야 한다는 의미입니다. 중국에 진출하여 비즈니스를 할 때에도 이 사자성어처럼 중국의 풍속과 습관을 존중하고 이해해야겠지요? 실제로 적지 않은 외국 기업이 이 점을 고려하지 못해 실패를 맛보기도 했습니다.

한국과 다른 중국 풍습의 한 예로, 한국에서는 결혼식 등의 축하 행사에서 하얀색 봉투에 축의금을 담지만 중국에서는 빨간색 봉투를 사용합니다. 중국인에게 빨간색은 길함을 상징하기 때문입니다. 반면, 흰색 봉투는 보통 장례식에 사용됩니다.

后来呢?
그 다음에는요?

이번 단원을 배우면!
• 사건이 발생한 순서대로 설명할 수 있다.
• 사건의 정황을 묻고 답할 수 있다.

■일이 발생한 순서를 생각하며 여러 번 듣고 따라해 봅시다.

① 后来她步步高升。

②

③

④

⑤

⑥

- 名牌 míngpái 명문, 브랜드　步步 bùbù 차츰

- 高升 gāoshēng 승진하다　努力 nǔlì 노력하다　毕业 bìyè 졸업하다　成 chéng ~이 되다

- 以后 yǐhòu 이후에　以前 yǐqián 이전에　然后 ránhòu 그런 후에　后来 hòulái 후에
  最后 zuìhòu 마지막으로　总算 zǒngsuàn 마침내

■ 然后, 以后, 后来

'然后'와 '以后'는 두 동작을 연결할 때 사용하여 전후 순서를 나타내지만, '~, 然后~', '~以后, ~'처럼 문장에서 쓰이는 위치가 다릅니다. '后来'는 어떤 상황이 발생한 후의 상황을 설명하는 데에 쓰이며, 문장 간의 연결에는 쓰이지 않습니다.

- 先找到工作, 然后结婚。   우선 취업을 하고, 그 후에 결혼을 할 것이다.
  Xiān zhǎodào gōngzuò, ránhòu jiéhūn.

- 找到工作以后, 我打算结婚。   취업을 한 후에, 나는 결혼할 예정이다.
  Zhǎodào gōngzuò yǐhòu, wǒ dǎsuan jiéhūn.

- 他们以前是同事, 后来成了好朋友。 그들은 예전에 동료였는데, 후에 좋은 친구가 되었다.
  Tāmen yǐqián shì tóngshì, hòulái chéng le hǎo péngyou.

■ 总算

일정한 시간과 노력을 거쳐서 이상적인 결과가 발생했음을 나타냅니다.

- 总算下班了！
  Zǒngsuàn xiàbān le!
  마침내 퇴근했다.

- 我说了一个多小时, 他们总算明白我的意思了。
  Wǒ shuō le yí ge duō xiǎoshí, tāmen zǒngsuàn míngbái wǒ de yìsi le.
  내가 한 시간 넘게 얘기하자, 그들은 결국 내 뜻을 이해했다.

■ 녹음을 다시 듣고, 그림 쏙쏙의 빈칸을 채워 보세요.
또한 상황의 순서에 맞게 순서를 바로 잡고, 다시 들어 보세요. 🎧 039

        →   →

        →   →

■ '总算'을 사용하여 다음 상황에 맞는 문장을 만들어 보세요.

① 친구가 약속 시간보다 한참 뒤에 왔다.

    →

② 출장간 지 한 달이 지나고, 내일이면 집에 돌아간다.

    →

③ 길에 차가 밀려서 20분을 보냈는데, 지금은 나아졌다.

    →

■ 일의 발생 순서와 관련된 대화를 듣고 말해 봅시다.

①

Q : 怎么了?

A : 我的车坏了。

②

Q : 什么时候坏的?

A :

③

Q :

A : 我坐公共汽车上班，迟到了。

● 坏 huài 고장나다

● 怎么了 zěnme le 어떻게 된 거야

■ **怎么了**

'무슨 일이야?, 어떻게 된 거야?'라는 의미로 무슨 일이 일어났는지 물을 때 사용합니다.

- 我看见你和经理吵架了，你们怎么了？
  Wǒ kànjian nǐ hé jīnglǐ chǎojià le, nǐmen zěnme le.
  당신과 사장님이 싸우는 것을 봤는데, 두 분 무슨 일이에요?

- 你哭了？ 怎么了？
  Nǐ kū le? Zěnme le?
  너 울었니? 무슨 일이야?

■ **〜的时候**

'〜할 때'라는 의미의 시간부사입니다.

- 我正在打电话的时候，小赵来了。
  Wǒ zhèngzài dǎ diànhuà de shíhòu, Xiǎo Zhào lái le.
  내가 전화하고 있을 때, 샤오자오가 왔다.

- 老板生气的时候，你别去他的办公室。
  Lǎobǎn shēngqì de shíhòu, nǐ bié qù tā de bàngōngshì.
  사장이 화났을 때는, 그의 사무실에 가지 마세요.

■ 녹음을 다시 듣고, 그림 쏙쏙 의 빈 칸을 채워 보세요.

[보기] ① Q： 怎么了？　　A： 我的车坏了。

■ '〜的时候'를 사용하여 다음 상황을 설명해 보세요.

①

②

③

(在家 / 看电视)　　　　(出门 / 下雨)　　　　(上班 / 穿西服)

■ 이야기 서술하기 🎧042

职员A 今天真倒霉！
Jīntiān zhēn dǎoméi!

职员B 怎么了?
Zěnme le?

职员A 别提了，我的车车胎坏了，只好坐公共汽车。
Bié tí le, wǒ de chē chētāi huài le, zhǐhǎo zuò gōnggòngqìchē.

没想到公共汽车半路也坏了。
Méi xiǎngdào gōnggòngqìchē bànlù yě huài le.

职员B 那怎么办啊?
Nà zěnme bàn a?

职员A 只好打车，等了半天才坐上车。
Zhǐhǎo dǎ chē, děng le bàntiān cái zuòshang chē.

到办公室的时候老板还没来。
Dào bàngōngshì de shíhòu lǎobǎn hái méi lái.

职员B 还不错啊！
Hái bú cuò a!

职员A 事情还没完，老板来了以后，我们要开会了。
Shìqíng hái méi wán, lǎobǎn lái le yǐhòu, wǒmen yào kāihuì le.

职员B 又怎么了?
Yòu zěnme le?

职员A 开会需要的资料在那辆出租车上！
Kāihuì xūyào de zīliào zài nà liàng chūzūchē shang!

职员B 啊? 那后来呢?
Á?　Nà hòulái ne?

职员A 我有出租车的发票，最后总算找到了资料。
Wǒ yǒu chūzūchē de fāpiào, zuìhòu zǒngsuàn zhǎodào le zīliào.

职员B 你太幸运了！
Nǐ tài xìngyùn le!

- 车胎 chētāi 타이어　　半路 bànlù 도중　　老板 lǎobǎn 사장　　事情 shìqíng 일
- 发票 fāpiào 영수증　　资料 zīliào 자료

- 提 tí 말을 꺼내다, 언급하다　　完 wán 끝나다　　开会 kāihuì 회의를 하다

- 倒霉 dǎoméi 재수 없다　　幸运 xìngyùn 운이 좋다　　只好 zhǐhǎo 하는 수 없이 ~하다

■ 别提了

'别提了'는 누군가가 못마땅한 일에 대해 물어올 때, '말도 꺼내지 마'라는 뜻으로 사용합니다.

- Q : 你喜欢现在的工作吗?　　너 지금 일 맘에 들어?
　　Nǐ xǐhuan xiànzài de gōngzuò ma?

　A : 别提了，我已经没有工作了。　　말도 마, 나 이미 퇴직했어.
　　Bié tí le， wǒ yǐjing méiyǒu gōngzuò le.

- Q : 那家饭馆的菜好吃不好吃?　　그 식당 요리 맛있어?
　　Nà jiā fànguǎn de cài hǎochī bù hǎochī?

　A : 别提了，太难吃了!　　말도 마, 정말 맛 없어!
　　Bié tí le， tài nánchī le!

■ 只好

'只好 + 동사'는 딱히 다른 방법이 없어서 어떤 일을 부득이하게 하게 되었을 때 사용합니다.

- 冰箱里什么都没有，他只好吃了一包方便面。
　Bīngxiāng li shénme dōu méiyǒu， tā zhǐhǎo chī le yì bāo fāngbiànmiàn.
　냉장고 안에 아무 것도 없어서, 그는 어쩔 수 없이 라면을 먹었다.

- 公司派我去，我只好去了。　　회사에서 나를 파견해서, 어쩔 수 없이 갔다.
　Gōngsī pài wǒ qù， wǒ zhǐhǎo qù le.

*冰箱 bīngxiāng 냉장고 | 方便面 fāngbiànmiàn 라면 | 派 pài 파견하다

■ 才

일의 발생이 더디게 진행되거나 겨우 이루어졌을 때 사용합니다.

- 他10点才离开办公室。　　그는 10시가 되어서야 겨우 사무실에서 나왔다.
　Tā shí diǎn cái líkāi bàngōngshì.

- 我找了半天才找到。　　나는 한참을 찾아서 겨우 찾았다.
　Wǒ zhǎo le bàntiān cái zhǎodào.

도전 BCT

1 听 녹음을 듣고 사건이 일어난 순서대로 배열해 보세요. 🎧 044

(＿＿＿ → ＿＿＿ → ＿＿＿ → ＿＿＿)

A   B   C   D

2 听 녹음을 듣고 빈칸에 들어갈 알맞은 단어를 적어 보세요. 🎧 045

今天真是＿＿＿＿＿的一天！早上一出门就发现汽车的车胎坏了，
我＿＿＿＿＿坐公共汽车，没想到公共汽车也坏了，我只好打车，等
了＿＿＿＿＿才上了一辆出租车。还好，到办公室＿＿＿＿＿老板还没来。老板
来了＿＿＿＿＿，我才发现今天开会需要的资料在那辆出租车上！幸运的
是，我有出租车的＿＿＿＿＿，所以找到了＿＿＿＿＿。

3 读 보기에서 빈칸에 들어갈 알맞은 단어를 찾아 문장을 완성해 보세요.

보기　　后来　　以后　　然后

① 先开会吧，＿＿＿＿＿再吃饭。

② 我们是大学同学，大学毕业＿＿＿＿＿，进了同一家公司工作。＿＿＿＿＿，我
　去了美国，他去了英国。

③ 他们以前是同事，＿＿＿＿＿成了好朋友。

4 说 두 사람이 한 조가 되어 그림을 보고 보기와 같이 묻고 답해 보세요.

보기

(公共汽车坏 / 坐出租车)

Q：他怎么了？

A：别提了，他坐的公共汽车坏了。

Q：公共汽车坏的时候，怎么办？

A：他坐出租车。

①

(堵车 / 给～打电话)

Q：_____

A：_____

Q：_____

A：_____

②

(丢钥匙 / 换锁)

Q：_____

A：_____

Q：_____

A：_____

＊丢 diū 잃어버리다 | 钥匙 yàoshi 열쇠 | 换 huàn 바꾸다 | 锁 suǒ 자물쇠

③

(病 / 去医院)

Q：_____

A：_____

Q：_____

A：_____

5 写 '才'를 사용해서 다음 상황을 표현해 보세요.

①

○

②

○

③

○

④

○

문화산책

중국인과 체면

중국인은 체면을 아주 중시합니다. 행동할 때 주변사람들의 생각을 먼저 고려하고, 모든 방법을 총 동원해서라도 다른 사람의 인정과 칭찬을 받고 싶어 합니다. 체면을 잃는다는 것은 단체사회에서 가장 큰 실패라고 생각합니다.

* **给面子** gěi miànzi 체면을 세워주다
* **没面子** méi miànzi 체면을 잃다
* **丢面子** diū miànzi 체면을 구기다, 망신 당하다

我能请假吗?

제가 휴가를 신청할 수 있나요?

이번 단원을 배우면!

• 휴가를 신청할 수 있다.
• 휴가의 사유를 설명할 수 있다.
• 휴가신청서를 작성할 수 있다.

■ 휴가 신청과 관련된 표현을 여러 번 듣고 따라 해 봅시다.

046

① 请假单
②
③

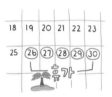

④
⑤
⑥

⑦
⑧
⑨

● 休假 xiūjià 휴가	计划 jìhuà 계획(하다)	日程 rìchéng 일정, 스케줄	单 dān 양식, 서식 종이
● 打算 dǎsuàn 계획하다	申请 shēnqǐng 신청하다	安排 ānpái 배치하다	考虑 kǎolǜ 고려하다
批 pī 결재, 승인하다	批准 pīzhǔn 승인하다	答应 dāying 허락하다, 대답하다	
● 请假 qǐng jià 휴가를 신청하다		准假 zhǔn jià 휴가를 허락하다	

047

■ 打算, 计划, 安排

'打算, 计划'는 모두 '계획하다'의 뜻이 있지만 '打算'은 '计划'에 비해 더 개인적이고 비공식적인 의미를 지닙니다. '安排'는 시간, 장소, 사람 등을 '안배하다'의 뜻으로 쓰입니다.

① 打算 : ~할 생각이다, ~할 예정이다, ~할 계획이다

• 我打算去韩国旅游。   나는 한국에 여행을 갈 생각입니다.
  Wǒ dǎsuan qù Hánguó lǚyóu.

② 计划 : 계획, 계획하다

• 提前完成了今年的计划。   • 我们公司计划招聘一个人。
  Tíqián wánchéng le jīnnián de jìhuà.   Wǒmen gōngsī jìhuà zhāopìn yí ge rén.
  금년의 계획을 앞당겨 완수했다.   우리 회사는 한 사람을 모집할 계획이다.

*提前 tíqián 앞당기다 | **招聘** zhāopìn 모집하다

③ 安排 : 배치하다, 배정하다

• 安排明天的会议。   내일 회의를 안배하다.
  Ānpái míngtiān de huìyì.

■ 批, 准, 批准

'准, 批准'은 '결재하다, 승인하다'의 뜻으로, '准'은 구어체, '批准'은 문어체로 많이 쓰입니다. '批'는 주로 문서에 대해 '코멘트 하다, 승인하다'라는 의미로 사용됩니다.

• 王经理准了他的假。   • 我们不要他们的批准。
  Wáng jīnglǐ zhǔn le tā de jià.   Wǒmen bú yào tāmen de pīzhǔn.
  왕 사장은 그의 휴가를 허락했다.   우리는 그들의 승인이 필요치 않다.

■ 녹음을 다시 듣고 그림 쑥쑥의 빈 칸을 채워 보세요.

  보기   ① 请假单

■ 보기에서 빈칸에 들어갈 알맞은 단어를 찾아 문장을 완성해 보세요.

  보기   打算   计划   安排   批

① 这个   是很不现实的。   *现实 xiànshí 현실적이다

② 李经理在   文件。

③ 他提前   明天的会议。

④ 现在没钱，还   去旅游？

■ 다음 그림을 보면서 잘 듣고 말해 봅시다.

048

① 把行李收拾完了。

②

③

④

⑤

⑥

⑦

⑧

⑨

049

- 行李 xíngli 짐, 여행가방　　　恋爱 liàn'ài 연애

- 收拾 shōushi 싸다, 정리하다　　准备 zhǔnbèi 준비하다　　迟到 chídào 지각하다

- 完 wán 다하다, 다 없어지다　　好 hǎo 다 완성하다

- 把 bǎ ~을　　　　　　　　　还是 háishi 또는, 아니면　　可能 kěnéng 아마도
  会 huì 아마도 ~일 것이다

■ 把

'把 + 목적어 + 동사'의 형태인 '把자문'은 '~을 ~하다'라는 뜻이며, '把'는 목적어를 동사 앞으로
도치시키는 역할을 합니다. 어떤 행위가 사람이나 사물에 가해져 결과를 발생시켰을 때, 그 행
위를 받는 사람이나 사물이 어떻게 됐는지 강조할 때 쓰입니다.

· 他把休假计划安排好了。　　　　　그는 휴가계획을 다 짰다.
　Tā bǎ xiūjià jìhuà ānpái hǎo le.

· 把工作做完以后去吃饭。　　　　　일을 마친 후 밥을 먹으러 간다.
　Bǎ gōngzuò zuòwán yǐhòu qù chīfàn.

■ 추측의 '会'

'~일 것이다'라는 뜻으로 앞으로 발생할 가능성이 높을 때 사용합니다. '아마도'라는 의미의 '可
能'과 함께 사용하여 의미를 강조하기도 합니다.

· 今天晚上会下雨。　明天不会下雨。
　Jīntiān wǎnshang huì xià yǔ. Míngtiān bú huì xià yǔ.
　오늘 밤에 비가 올 것이다. 내일은 비가 올 리가 없다.

· 他可能会出国留学，不会留在公司。
　Tā kěnéng huì chūguó liúxué, bú huì liú zài gōngsī.
　그는 아마 외국으로 유학을 가지, 회사에 남아있지 않을 것이다.

■ 선택의문문 '还是'

'A + 还是 + B?'는 A와 B 중에서 선택을 해야 하는 의문문에 쓰입니다.

· 你是经理还是职员？　　　　　　· 今天是星期五还是星期六？
　Nǐ shì jīnglǐ háishi zhíyuán?　　　Jīntiān shì xīngqīwǔ háishi xīngqīliù?
　당신은 사장입니까, 아니면 직원입니까?　오늘은 금요일입니까, 아니면 토요일입니까?

 연습하며 쓱쓱

■ 녹음을 다시 듣고, 그림 쓱쓱 의 빈 칸을 채워 보세요.

　[보기]　① 把行李收拾完了。

■ 주어진 단어를 알맞게 배열하여 완전한 문장을 만들어 보세요.

　① 笔记本 / 放 / 把 / 经理 / 好 / 了→

　② 小张 / 上 / 西服 / 把 / 穿 / 了 →

　③ 把 / 饺子 / 吃 / 我 / 完 / 了 　→

■ 휴가 신청 050

职员 　张经理，我有件事想跟您商量。
　　　　Zhāng jīnglǐ, wǒ yǒu jiàn shì xiǎng gēn nín shāngliang.

张经理 　有什么事说吧。
　　　　Yǒu shénme shì shuō ba.

职员 　是这样的，我父亲病了，
　　　　Shì zhèyàng de, wǒ fùqīn bìng le,

　　　　能请假回老家看看吗？
　　　　néng qǐng jià huí lǎojiā kànkan ma?

张经理 　是吗？那应该去，没问题。
　　　　Shì ma? Nà yīnggāi qù, méi wèntí.

职员 　太谢谢您了！
　　　　Tài xièxie nín le!

　　　　您放心，走以前，我会把手里的工作安排好。
　　　　Nín fàngxīn, zǒu yǐqián, wǒ huì bǎ shǒuli de gōngzuò ānpái hǎo.

张经理 　你把请假单填好，我就签字准假。
　　　　Nǐ bǎ qǐngjiàdān tián hǎo, wǒ jiù qiānzì zhǔn jià.

职员 　好，我马上去准备。
　　　　Hǎo, wǒ mǎshàng qù zhǔnbèi.

051

- 商量 shāngliang 상의하다　　病 bìng 병이 나다　　　　放心 fàngxīn 안심하다
  走 zǒu 떠나다　　　　　　填 tián 기입하다　　　　签字 qiānzì 서명하다, 사인하다

- 老家 lǎojiā 고향(집)

- 手里 shǒuli 손 안의, 현재 맡고 있는

- 能 néng ～할 수 있다　　应该 yīnggāi ～해야 한다　　没问题 méi wèntí 문제 없다

■ 주말 근무 🎧 052

刘明　　张经理，您现在方便吗？ 我想跟您说点事。
Zhāng jīnglǐ, nín xiànzài fāngbiàn ma? Wǒ xiǎng gēn nín shuō diǎn shì.

张经理　什么事？
Shénme shì?

刘明　　这个周末我恐怕不能加班。
Zhè ge zhōumò wǒ kǒngpà bù néng jiābān.

张经理　什么原因？
Shénme yuányīn?

刘明　　我的好朋友这个周末结婚，
Wǒ de hǎo péngyou zhè ge zhōumò jiéhūn,

　　　　说好要去参加她的婚礼。
shuō hǎo yào qù cānjiā tā de hūnlǐ.

张经理　如果我答应，可能别人也会来请假，那谁工作呢？
Rúguǒ wǒ dāying, kěnéng biérén yě huì lái qǐng jià, nà shéi gōngzuò ne?

刘明　　这……。
Zhè …….

张经理　你再考虑一下，是工作重要还是朋友重要。
Nǐ zài kǎolǜ yíxià, shì gōngzuò zhòngyào háishi péngyou zhòngyào.

- 原因 yuányīn 원인　　　婚礼 hūnlǐ 결혼식　　　别人 biérén 다른 사람
- 方便 fāngbiàn 편리하다　　重要 zhòngyào 중요하다
- 参加 cānjiā 참가하다
- 恐怕 kǒngpà 아마 ～일 것이다

■ **是这样的**

'사실은 ~한 것이다'라는 뜻으로 앞의 문장을 받아서 뒤의 상황을 설명할 때 사용합니다.

- Q : 你怎么来了?　　　　네가 어찌 왔어?
　　　Nǐ zěnme lái le?

　A : 是这样的，我想借点钱。　실은 돈 좀 빌리려고.
　　　Shì zhèyàng de, wǒ xiǎng jiè diǎn qián.

- Q : 你们以前认识吗?
　　　Nǐmen yǐqián rènshi ma?
　　　너희 예전부터 알고 지냈었니?

　A : 是这样的，我们小时候常常一起玩儿，后来一起学习、工作。
　　　Shì zhèyàng de, wǒmen xiǎo shíhòu chángcháng yìqǐ wánr, hòulái yìqǐ xuéxí、gōngzuò.
　　　사실 우린 어릴 때 자주 같이 놀았고, 후에는 함께 공부하고, 일을 했어.

■ **恐怕**

'恐怕 + 동사'의 형태로 쓰이며, 말하는 사람의 추측이나 짐작을 나타내는 표현입니다. 주로 부정적인 미래 상황에 대한 예측에 쓰입니다.

- 我恐怕不能参加今天的晚会。　　　나는 오늘 저녁 회식에 가지 못할 것 같다.
　Wǒ kǒngpà bù néng cānjiā jīntiān de wǎnhuì.

- 下午恐怕会下大雨。　　　　　　오후에 큰비가 내릴 것 같다.
　Xiàwǔ kǒngpà huì xià dàyǔ.

■ **说好**

'~하기로 약속하다'라는 의미로 어떠한 계획이 구두로 이미 확정되었음을 나타냅니다.
'说好 + 계획'의 형식으로, 주로 구어체로 쓰입니다.

- 小王和小黄说好中午去吃汉堡包。
　Xiǎo Wáng hé Xiǎo Huáng shuō hǎo zhōngwǔ qù chī hànbǎobāo.
　샤오왕과 샤오황은 점심에 햄버거를 먹기로 했다.

- 我们说好周末一起去打高尔夫球。
　Wǒmen shuō hǎo zhōumò yìqǐ qù dǎ gāo'ěrfūqiú.
　우리는 주말에 골프를 치러 같이 가기로 했다.

1 听　녹음을 듣고 질문에 대한 알맞은 답을 고르세요. 🎧 054

　Q： 赵大军为什么要找张经理?

　　　A. 请假　　　　　　　　B. 回家

　　　C. 旅行　　　　　　　　D. 出差

　　　　　　　　　　　　　　　　　　　　＊ 照顾 zhàogù 돌보다

2 听　녹음을 듣고 질문에 대한 알맞은 답을 고르세요. 🎧 055

　Q： 王志华想跟经理商量什么事?

　　　A. 怎么写报告　　　　　B. 最近公司的情况

　　　C. 请几天的假　　　　　D. 周末加班的问题

※ (3~4) 녹음을 듣고 질문에 대한 알맞은 답을 고르세요. 🎧 056

3 听　女人为什么哭了?

　　　A. 她弟弟病了。　　　　B. 刘经理没准假。

　　　C. 周末得加班。　　　　D. 张经理没准假。

4 听　女人要做什么?

　　　A. 回老家　　　　　　　B. 给弟弟打电话

　　　C. 跟刘经理说说　　　　D. 去医院

※ (5~7) 다음 지문을 읽고, 질문에 알맞은 답을 고르세요.

> 　　现在请假恐怕不行。今天我们公司有个重要的活动，大家都很忙。新年快到了，每年这个时候都比平时更忙一些。过两天，可能还要大家天天加班。前两天王志华申请休假都没批准。

*活动 huódòng 활동 | **平时** píngshí 평소에 | **两天** liǎngtiān 이틀, 요며칠 | **业务** yèwù 업무

5 读 今天公司为什么很忙?

A. 有客人来 　　　　　　　B. 有重要的活动

C. 职员请假 　　　　　　　D. 要加班

6 读 现在不能请假的原因是什么?

A. 已经请过假 　　　　　　B. 没有假期

C. 经理在休假 　　　　　　D. 公司业务忙

7 读 王志华有休假吗?

A. 有两天假 　　　　　　　B. 有一个礼拜假

C. 没批准 　　　　　　　　D. 过两天休假

8 说 '说好'를 사용하여 다음 대화를 완성해 보세요.

① A : 明天我们一起吃晚饭，怎么样?

　B : 真对不起，＿＿＿＿＿＿＿＿＿＿，下次吧!　　(妻子 / 去看电影)

② A : 圣诞节你做什么?

　B : ＿＿＿＿＿＿＿＿＿＿＿＿＿＿＿　　(家人 / 去上海玩儿)

③ A : 你们打算什么时候结婚?

　B : ＿＿＿＿＿＿＿＿＿＿＿＿＿＿＿　　(男朋友 / 明年结婚)

9 说 '还是'를 사용하여 상황에 맞게 문장을 만들어 보세요.

①

_____?

②
| 베이징 | 7：10 |
| 상하이 | 7：30 |

_____?

③ 张经理   李经理

_____?

10 说 세 사람이 한 조가 되어 주어진 상황에 맞게 대화를 나누어 보세요.

> (상황)
>
> 직원: 휴가를 내려고 휴가 신청서를 준비하여 제출함. (11번의 휴가 신청서 양식 활용)
>
> 상사 A: 직원의 휴가 신청에 동의함.
>
> 상사 B: 직원의 휴가 신청에 동의하지 않음.

11 写 다음 휴가신청서를 작성하고 소개해 보세요.

员工请假单

部门		职务		姓名	

1. 请假类别

☐ 休假 ☐ 公假 ☐ 病假 ☐ 事假

☐ 其他（请说明）：

2. 请假时间

_____年 _____月 _____日 _____时 ～

　　　　　_____年 _____月 _____日 _____时（共 _____天）

3. 主管部门意见

☐ 准（主管签字）

☐ 不准（请说明理由）_____

　　职位: _____　　日期: _____

＊**类别** lèibié 종류 | **公假** gōngjià 공가 | **病假** bìngjià 병가 | **事假** shìjià 사적인 휴가 | **其他** qítā 기타 | **共** gòng 모두
主管部门 zhǔguǎn bùmén 담당부서 | **意见** yìjiàn 의견 | **理由** lǐyóu 이유 | **职位** zhíwèi 직위

문화산책

중국인의 인사

중국인은 우리가 흔히 알고 있는 "你好!", "早上好!"같은 말 보다는 주로 일상 생활과 관련 있는 내용으로 인사를 하거나 안부를 묻습니다. "吃饭了吗?", "您早来了。", "出去呀。" 등이 중국인이 자주 사용하는 인삿말인데 꼭 질문을 하는 것 같아 외국인에게 오해를 사기도 합니다. 하지만 무언가를 묻는 것이 아니기 때문에 굳이 대답하지 않아도 됩니다.

实在抱歉！
정말 죄송합니다!

이번 단원을 배우면!

• 사과의 표현을 할 수 있다.
• 용서하고 이해하는 표현을 할 수 있다.

■ 사과하는 표현을 여러 번 듣고 따라해 봅시다.

057

① 对不起，我来晚了。　② 　③

④　　　　　⑤　　　　　⑥

● 对不起 duìbuqǐ 미안합니다　　　　不好意思 bùhǎoyìsi 미안합니다

抱歉 bàoqiàn 죄송하다, 미안하게 생각하다　　原谅 yuánliàng 양해하다, 용서하다

● 实在 shízài 정말, 진심으로

058
● 弄坏 nònghuài 망가뜨리다, 고장내다

■ **사과의 표현**

① 对不起 (+ 대상 + 이유) : 미안합니다

- 对不起你。   미안해.
  Duìbuqǐ nǐ.

- 对不起，我来晚了。   늦게 와서 미안해.
  Duìbuqǐ, wǒ lái wǎn le.

② 不好意思 : 미안합니다

- 真不好意思。   정말 미안합니다.
  Zhēn bùhǎoyìsi.

- 我不能参加，不好意思。   저는 참여 못해요, 죄송합니다.
  Wǒ bù néng cānjiā, bùhǎoyìsi.

③ 抱歉 : 죄송합니다, 미안하게 생각합니다

- 很抱歉，我来晚了。   정말 죄송합니다. 제가 늦었습니다.
  Hěn bàoqiàn, wǒ lái wǎn le.

- 实在抱歉，我做的不对。   정말 죄송합니다. 제가 잘못했습니다.
  Shízài bàoqiàn, wǒ zuò de bú duì.

④ 原谅 (+ 대상) : 용서해 주세요, 양해해 주세요

- 你能不能原谅我?   날 용서해 줄 수 있니?
  Nǐ néng bu néng yuánliàng wǒ?

- 请原谅我。   용서해 주세요.
  Qǐng yuánliàng wǒ.

■ 녹음을 다시 듣고 의 빈 칸을 채워 보세요.

[보기]   ① 对不起，我来晚了。

■ 녹음을 듣고 내용과 일치하는 것을 그림에서 고르세요.   🎧 059

A   B

■ 사과의 표현에 대한 대답을 듣고 말해 봅시다.

①

A : 对不起！

B :

②

A : 实在抱歉。

B :

③

A : 不好意思。

B :

- 没关系 méiguānxi 괜찮습니다

- 行 xíng ~하다, 좋다   错 cuò 잘못, 틀리다

- 怎么 zěnme 어떻게

■ 没关系

'对不起'에 대한 대답으로 '괜찮습니다'라는 의미입니다. 유사한 표현으로는 '没事儿'이 있습니다.

- A : 对不起。　　　　　미안합니다.
  Duìbuqǐ.

  B : 没关系。　　　　　괜찮습니다.
  Méi guānxi.

*没事儿 méishìr 괜찮습니다

■ 怎么行

당황스럽거나 감당할 수 없는 상황에서 '어떻게 그럴 수 있어?, 그럼 안 돼' 정도로 해석하며 그렇게 할 수 없음을 반문할 때 사용합니다.

- A : 我忘了今天是妈妈的生日。　　　오늘 어머니 생신이라는 걸 잊고 있었어.
  Wǒ wàng le jīntiān shì māma de shēngrì.

  B : 这怎么行? 赶快给她打电话吧。　　어떻게 그럴 수 있니? 어서 어머니께 연락드려.
  Zhè zěnme xíng? Gǎnkuài gěi tā dǎ diànhuà ba.

*赶快 gǎnkuài 빨리

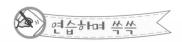

■ 녹음을 다시 듣고, 그림 쏙쏙 의 빈 칸을 채워 보세요.

　보기　① A : 对不起!　B :　没关系。

■ 다음 상황에 맞는 적절한 답을 해 보세요.

①

A : 对不起。

B :

②

A : 实在抱歉。

B :

■ 사과하기 🎧 062

刘明	实在抱歉，后天不能参加你的婚礼了。 Shízài bàoqiàn, hòutiān bù néng cānjiā nǐ de hūnlǐ le.
朋友	什么？这怎么行！ Shénme? Zhè zěnme xíng!
刘明	我们公司最近特别忙，周末要加班。 Wǒmen gōngsī zuìjìn tèbié máng, zhōumò yào jiābān.
朋友	能不能跟老板请个假？ Néng bù néng gēn lǎobǎn qǐng ge jià?
刘明	我试了，可是老板不同意。 Wǒ shì le, kěshì lǎobǎn bù tóngyì.
朋友	你们的老板真是冷血动物！ Nǐmen de lǎobǎn zhēn shì lěngxuè dòngwù!
刘明	是啊，没办法，真对不起！ Shì a, méi bànfǎ, zhēn duìbuqǐ!
朋友	这不是你的错，没关系！ Zhè bú shì nǐ de cuò, méiguānxi!
刘明	谢谢你的理解，我们找时间再聚啊！ Xièxie nǐ de lǐjiě, wǒmen zhǎo shíjiān zài jù a!

● 特别 tèbié 특별하다

● 试 shì 시도하다　　同意 tóngyì 동의하다　　聚 jù 모이다

● 后天 hòutiān 모레　　冷血动物 lěngxuè dòngwù 인정 없는 사람　　办法 bànfǎ 방법

■ 변명하기 🎧 064

刘明	张……张经理，早上好！ Zhāng……Zhāng jīnglǐ, zǎoshang hǎo!
张经理	刘明，你又迟到了！ Liú Míng, nǐ yòu chídào le!
刘明	对不起，今天早上我的闹钟停了！ Duìbuqǐ, jīntiān zǎoshang wǒ de nàozhōng tíng le!
张经理	你的闹钟怎么老停啊？ Nǐ de nàozhōng zěnme lǎo tíng a?
刘明	这次是真的。 Zhè cì shì zhēn de.
张经理	是吗？你老有借口啊， Shì ma? Nǐ lǎo yǒu jièkǒu a, 不是为了工作开夜车了，就是闹钟停了。 bú shì wèile gōngzuò kāi yèchē le, jiùshì nàozhōng tíng le.
刘明	经理，下次再也不敢了！您再原谅我一次吧！ Jīnglǐ, xiàcì zài yě bù gǎn le! Nín zài yuánliàng wǒ yí cì ba!
张经理	我再给你一次机会，如果再迟到，我就不客气了。 Wǒ zài gěi nǐ yí cì jīhuì, rúguǒ zài chídào, wǒ jiù bú kèqi le.
刘明	谢谢！谢谢！ Xièxie! Xièxie!

- 闹钟 nàozhōng 자명종　　借口 jièkǒu 변명

- 停 tíng 멈추다　　　开夜车 kāi yèchē 밤을 새워 일(공부)하다　　敢 gǎn 감히 ~하다
  客气 kèqi 사양하다

- 老 lǎo 늘, 종종

■ 이합동사 '请假, 准假, 加班'

하나의 동사가 '동사 + 목적어' 구조로 구성된 것을 이합동사라고 합니다. 이합동사는 자체에 목적어가 있기 때문에, 다른 목적어를 쓸 수 없습니다. '放假, 休假, 请假, 准假, 加班, 见面, 聊天, 结婚' 등이 대표적입니다.

见(동사 – 보다) + 面(목적어 – 얼굴을) = 见面(이합동다 – 만나다)

수사, 양사, 인칭대명사 등이 목적어를 수식하거나 다른 목적어가 필요할 때에는 다음과 같은 방법을 사용합니다.

① 수식어를 이합동사 중간에 씁니다.

- 见他的面。　　　　　　　　　　　그를 만나다.
  Jiàn tā de miàn.

- 可以请个假吗?　　　　　　　　　휴가를 신청해도 될까요?
  Kěyǐ qǐng ge jià ma?

② 전치사를 사용합니다.

- 和他见面。　　　　　　　　　　　그와 만나다.
  Hé tā jiànmiàn.

- 跟他结婚。　　　　　　　　　　　그와 결혼하다.
  Gēn tā jiéhūn.

■ 不是A, 就是B

'不是 + A, 就是 + B'는 'A가 아니면 B이다'라는 의미로, A가 명사일 경우 B도 명사, A가 동사일 경우 B도 동사가 옵니다.

- 那个人不是李先生，就是张先生。　　　그 사람은 이 선생 아니면, 장 선생이야.
  Nà ge rén bú shì Lǐ xiānsheng, jiùshì Zhāng xiānsheng.

- 他没有什么爱好，每天不是在办公室，就是在家。
  Tā méiyǒu shénme àihào, měitiān bú shì zài bàngōngshì, jiùshì zài jiā.
  그는 딱히 취미가 없어서, 매일 사무실에 있지 않으면 집에 있어.

■ 再也不

'다시는 ~하지 않을 것이다'라는 뜻이며, '再也不 + 동사' 뒤에는 다시는 발생되지 않을 일이 옵니다.

- 我再也不迟到了。　　　　　　　　다시는 지각하지 않을 거야.
  Wǒ zài yě bù chídào le.

- 汉语太难了，再也不想学了。　　　중국어 너무 어려워서 다시는 공부하고 싶지 않아.
  Hànyǔ tài nán le, zài yě bù xiǎng xué le.

도전 BCT 🎓

1 听 녹음을 듣고 녹음 내용과 일치하는 답을 고르세요. 🎧 066

A. 小赵在准备资料　　　　　B. 老板让小赵加班

C. 老板没看见小赵睡觉　　　D. 小赵是开车的

※ (2~3) 녹음을 듣고 질문에 알맞은 답을 고르세요. 🎧 067

2 听 직원이 사장을 마주친 이유는?

A. 有事找经理　　　　　　　B. 迟到被碰到

C. 为了向经理抱歉　　　　　D. 请假

3 听 사장의 반응은?

A. 解雇职员　　　　　　　　B. 让职员写保证书

C. 不给职员工资　　　　　　D. 再给职员一次机会

＊碰到 pèngdào 마주치다 | 解雇 jiěgù 해고하다
保证书 bǎozhèngshū 보증서 | 工资 gōngzī 월급

4 读 다음 문장에서 틀린 부분을 바르게 고쳐 써 보세요.

① 经理准假我了。

→ _____。

② 开会以前，大家聊天一会儿了。

→ _____。

③ 我打算一个星期请假。

→ _____。

④ 我昨天见面了他。

→ _____。

> 我今天晚上和王芳约了7点见面，然后吃饭，看电影。可是我们公司突然有事儿开会，我就晚到了15分钟，所以王芳生气了。为了道歉，我就请她吃饭。但吃饭的时候，老板又来电话，让我马上回公司。

5 读 我几点见到了王芳?

A. 6点45分

B. 7点

C. 7点15分

D. 7点半

6 读 我为什么要回公司?

A. 王芳生气了

B. 我约会去晚了

C. 经理在休假

D. 老板让我回去

＊约 yuē 약속하다 | **突然** tūrán 갑자기 | **生气** shēngqì 화나다

7 说 두 사람이 한 조가 되어 주어진 상황에 맞게 대화를 나누어 보세요.

> (상황)
>
> 샤오왕이 사무실에서 잠을 자고 있는데, 사장이 그 모습을 보고 말았다.
>
> 샤오왕 : 상황에 대한 원인을 설명함.
>
> 장 사장 : 상황을 이해하거나 혹은 용서하지 않음.
>
>
>
> 小王　　：真不好意思。
> 张经理：这怎么行。
>
> 小王　　：＿＿＿＿＿＿＿＿＿＿＿。
> 张经理：＿＿＿＿＿＿＿＿＿＿＿。
>
> 小王　　：＿＿＿＿＿＿＿＿＿＿＿。
> 张经理：＿＿＿＿＿＿＿＿＿＿＿。

8 写 '不是…, 就是…'를 사용하여 다음 대화를 완성해 보세요.

①

A: 你什么时候去上海?

B: _____。

②

A: 大学毕业以后，你想做什么?

B: _____。

＊**读研究生** dú yánjiūshēng 대학원을 다니다

③

A: 小王在哪儿?

B: _____。

④

A: 放假的时候你做什么?

B: _____。

9 写 다음 질문을 읽고 자신의 상황에 맞게 자유롭게 답해 보세요. (각 문항 당 15자 이상)

① 对迟到的人，你的公司怎么办?

② 什么人做了什么事情是你不能原谅的?

③ 哪些可以作为迟到的借口?

＊**作为** zuòwéi ～로 여기다(간주하다)

문화산책

회사의 직급체계

중국에서 직급에 대한 호칭은 지역이나 회사의 문화에 따라서 약간의 차이는 있지만, 일반적으로 아래와 같이 사용합니다.

职员 zhíyuán 직원 〈 **组长** zǔzhǎng 팀장 〈 **科长** kēzhǎng 과장 〈 **处长** chùzhǎng 처장

〈 **主任** zhǔrèn 주임 〈 **部长** bùzhǎng 부장 〈 **经理** jīnglǐ 이사, 사장, 매니저

〈 **总经理** zǒngjīnglǐ 사장, 회장 〈 **董事长** dǒngshìzhǎng 회장

你看这对耳环怎么样?

당신이 보기에 이 귀걸이 어때요?

이번 단원을 배우면!

• 자신의 의견을 표현할 수 있다.
• 상대방에게 의견을 묻고 답할 수 있다.

认一认

068

■ 자신의 의견을 표현하는 방법을 여러 번 듣고 따라 해 봅시다.

① 我觉得这条珍珠
项链不错。

②

③

④

⑤

⑥

⑦

⑧

⑨

단어
등장

069

● 珍珠 zhēnzhū 진주　　项链 xiàngliàn 목걸이　　围巾 wéijīn 스카프

● 好吃 hǎochī 맛있다

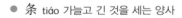

● 条 tiáo 가늘고 긴 것을 세는 양사

● 总的来说 zǒngdeláishuō 전체적으로 말하자면　　只是 zhǐshì 단지, 다만
最好 zuìhǎo ~하는 게 제일 좋다

■ 觉得

'觉得 + 의견'은 '~라고 생각한다'는 자신의 의견을 나타내는 표현입니다.

- 我觉得今天天气很好。
  Wǒ juéde jīntiān tiānqì hěn hǎo.
  나는 오늘 날씨가 좋다고 생각한다.

- 他觉得我没有能力。
  Tā juéde wǒ méiyǒu nénglì.
  그는 내가 능력이 없다고 생각한다.

■ 总的来说~, 只是~

전체적으로 긍정을 표현하지만, 부분적으로는 불만이나 문제를 제기할 때, '总的来说 + 전체적 의견, 只是 + 부분적 문제점'의 형태로 표현합니다.

- 这件衣服总的来说不错，只是有点儿贵。
  Zhè jiàn yīfu zǒngdeláishuō bú cuò, zhǐshì yǒudiǎnr guì.
  이 옷은 전반적으로 괜찮긴 한데 조금 비싸다.

- 小王这个人总的来说很好，只是容易骄傲。
  Xiǎo Wáng zhè ge rén zǒngdeláishuō hěn hǎo, zhǐshì róngyì jiāo'ào.
  샤오왕은 전반적으로 괜찮은 사람이긴 한데, (다만) 쉽게 거만해진다.

  ＊容易 róngyì 쉽다 | 骄傲 jiāo'ào 거만하다

■ 最好

'最好 + 동사'는 '~하는 게 제일 좋겠다'라는 뜻으로 상대방에게 자신이 생각하는 좋은 방법을 제의할 때 씁니다.

- 很晚了，我们最好打车去。
  Hěn wǎn le, wǒmen zuìhǎo dǎchē qù.
  너무 늦어서 우리 택시 타고 가는 게 좋겠다.

- 你最好跟张经理请假。
  Nǐ zuìhǎo gēn Zhāng jīnglǐ qǐng jià.
  장 사장님께 휴가를 신청하는 게 최선이야.

■ 녹음을 다시 듣고 그림 쏙쏙의 빈칸을 채워 보세요.

[보기] ① 我觉得这对珍珠耳环不错。

■ '最好'를 사용하여 적절하게 대답해 보세요.

① A : 我们去唱歌吧！　　　 B : 都已经10点了，　　　　　　　　　　　。

② A : 什么时候喝水好？　　　 B :　　　　　　　　　　　　　　　喝水。

③ A : 我明天想穿新鞋。　　　 B : 明天下雨，　　　　　　　　　　　。

■ 상대방에게 의견을 묻고 답하는 대화를 듣고 말해 봅시다.

①

A : 你看这件衣服怎么样?

B : 我看黑色比白色还好。

②

A :

B : 最好去中国旅行。

③

A :

B : 他总的来说不错，只是个子有点儿矮。

● 看 kàn ～라고 생각하다, ～라고 보다   度假 dùjià 휴가를 보내다   旅行 lǚxíng 여행하다

● 直 zhí 솔직하다

● 怎么样 zěnmeyàng 어떠니 (의문)

■ 您看～怎么样?

'看'은 '보다'라는 뜻 외에 '～라고 생각하다, ～이 ～한 것 같다'라는 견해를 나타내는 뜻도 있습니다. '您看＋A＋怎么样?'은 'A가 어떤 것 같습니까'하고 묻는 표현입니다.

· 你看这件衣服怎么样?　　　　　　네가 보기에 이 옷 어때?
　　Nǐ kàn zhè jiàn yīfu zěnmeyàng?

· 您看买他们公司的产品怎么样?　　당신 생각에 그 회사의 상품을 사는 것은 어떻습니까?
　　Nín kàn mǎi tāmen gōngsī de chǎnpǐn zěnmeyàng?

＊产品 chǎnpǐn 상품

■ 不知道～好

'不知道＋동사＋의문사＋好' 표현은 어떤 결정을 내려야 하는지 확신이 서지 않는 경우에 '～을 하면 좋을지 모르겠다'는 뜻으로 쓰입니다.

· 今天晚上不知道吃什么好。　　　　오늘 밤에 무엇을 먹으면 좋을지 모르겠다.
　　Jīntiān wǎnshang bùzhīdào chī shénme hǎo.

· 经理还不知道谁去上海好。　　　　사장은 누가 상하이에 가면 좋을지 아직 결정하지 못했다.
　　Jīnglǐ hái bùzhīdào shéi qù Shànghǎi hǎo.

■ 녹음을 다시 듣고 그림 쏙쏙의 빈 칸을 채워 보세요.

　[보기]　① A : 你看这件衣服怎么样?　　B : 我看黑色比白色还好。

■ '您看～怎么样?'을 사용하여 상황에 맞게 대화해 보세요.

① 　　② 　　③

A :　　　　　　　　　A :　　　　　　　　　A :

B : 好。　　　　　　　B : 我觉得不太好。　　　B : 总的来说不错。

■ 선물 사기 072

售货员 **先生，您想买点儿什么？**
Xiānsheng, nín xiǎng mǎi diǎnr shénme?

金先生 **我想买点儿纪念品，可是不知道买什么好。**
Wǒ xiǎng mǎi diǎnr jìniànpǐn, kěshì bùzhīdào mǎi shénme hǎo.

售货员 **是给自己还是给朋友的？**
Shì gěi zìjǐ háishi gěi péngyou de?

金先生 **给我妻子。**
Gěi wǒ qīzǐ.

售货员 **哦。您看这对珍珠耳环怎么样？**
Ò.　Nín kàn zhè duì zhēnzhū ěrhuán zěnmeyàng?

金先生 **她不喜欢戴耳环。**
Tā bù xǐhuan dài ěrhuán.

售货员 **是吗？那这条真丝围巾呢？**
Shì ma?　Nà zhè tiáo zhēnsī wéijīn ne?

金先生 **哦，不错，很漂亮，又有中国特色，就买它了！**
Ò,　bú cuò, hěn piàoliang, yòu yǒu Zhōngguó tèsè, jiù mǎi tā le !

073

- 纪念品 jìniànpǐn 기념품　　耳环 ěrhuán 귀걸이　　真丝 zhēnsī 실크
  特色 tèsè 특색, 독특한　　它 tā 그, 그것 (사람 이외의 것)

- 戴 dài 쓰다, 착용하다

- 对 duì 한 쌍　　　　哦 ò 아!(감탄사)　　又有 yòu yǒu 또 ~하기도 하다

■ 의견 묻고 답하기 🎧 074

李丽　　张华，招聘启事我写完了，你帮我看看，提提意见。
　　　　Zhānghuá, zhāopìn qǐshì wǒ xiě wán le, nǐ bāng wǒ kànkan, títi yìjiàn.

张华　　你的工作效率够高的！　好，我看一下。
　　　　Nǐ de gōngzuò xiàolǜ gòu gāo de！ Hǎo, wǒ kàn yíxià.

李丽　　怎么样？我第一次写，没有什么经验。
　　　　Zěnmeyàng? Wǒ dì yí cì xiě, méiyǒu shénme jīngyàn.

张华　　总的来说不错，只是有些小地方需要修改一下。
　　　　Zǒngdeláishuō bú cuò, zhǐshì yǒu xiē xiǎo dìfang xūyào xiūgǎi yíxià.

李丽　　你就直说吧，没关系。
　　　　Nǐ jiù zhí shuō ba, méi guānxi.

张华　　你看，如果写"精通汉语"是不是更好？
　　　　Nǐ kàn, rúguǒ xiě "jīngtōng Hànyǔ" shì bu shì gèng hǎo?

李丽　　对对，正式多了。
　　　　Duì duì, zhèngshì duō le.

张华　　还有，我觉得这里最好再加上"需要经常出差"。
　　　　Hái yǒu, wǒ juéde zhèlǐ zuìhǎo zài jiā shang "xūyào jīngcháng chūchāi".

李丽　　我怎么没想到呢！　太谢谢你了！
　　　　Wǒ zěnme méi xiǎng dào ne！ Tài xièxie nǐ le！

🎧 075

● 招聘 zhāopìn 모집(채용)하다	提意见 tí yìjiàn 의견을 제시하다	
修改 xiūgǎi 수정하다	精通 jīngtōng 정통하다	加上 jiā shang 더하다
出差 chūchāi 출장가다	想 xiǎng 생각하다	

| ● 招聘启事 zhāopìn qǐshì 채용공고 | 效率 xiàolǜ 효율 | 经验 jīngyàn 경험 |

| ● 够 gòu 제법, 꽤 | 正式 zhèngshì 정식의 | 经常 jīngcháng 늘, 항상 |

■ 又有

'또 ~하다, ~도 있다'는 뜻으로 앞의 상황에 추가할 점이 있을 때 쓰는 표현입니다.

· 他昨天买的纪念品很漂亮又有特色。
Tā zuótiān mǎi de jìniànpǐn hěn piàoliang yòu yǒu tèsè.
그가 어제 샀던 기념품은 예쁘기도 하고 특색도 있다.

· 他平时工作很认真又有热情。
Tā píngshí gōngzuò hěn rènzhēn yòu yǒu rèqíng.
그는 평소에 일을 열심히 하고 열정도 있다.

* 热情 rèqíng 열정

■ 就~了

'바로 ~야'라는 뜻으로 어떤 결정을 확실히 내렸을 때 쓰이는 표현입니다.

· 就买这个牌子的了！   바로 이 상표를 샀어!
Jiù mǎi zhè ge páizi de le!

· 就吃四川菜了！   사천 음식을 먹어야지!
Jiù chī Sìchuān cài le!

■ 够

'충분하다, 넉넉하다'라는 뜻이며, '够 + 형용사 + 的'는 '꽤 ~하다!'는 감탄의 용법입니다.

· 你们老板够忙的！   너희 사장님 꽤 바쁘시구나!
Nǐmen lǎobǎn gòu máng de!

· 今天够热的！   오늘 꽤 덥구나!
Jīntiān gòu rè de!

■ 多了

'형용사 + 多了'는 '더 ~해지다'라는 뜻으로 어떤 상황이나 상태가 더욱 심화되는 방향으로 변화했음을 강조하는 표현입니다.

· 这件事正式多了。   이 일은 더 공식적으로 되었다.
Zhè jiàn shì zhèngshì duō le.

· 这件衣服漂亮多了。   이 옷은 더 예뻐졌다.
Zhè jiàn yīfu piàoliang duō le.

1 听 녹음을 듣고 질문에 알맞은 답을 고르세요. 🎧 076

Q: 女人觉得哪个比较好?

A   B   C   D

※ (2~4) 녹음을 듣고 질문에 알맞은 답을 고르세요. 🎧 077

2 听 李明准备什么?

A. 请假单　　　　　　　B. 报告

C. 启事　　　　　　　　D. 出差申请书

> * **报告** bàogào 보고서 | **启事** qǐshì 공고
> **出差** chūchāi 출장 가다 | **申请书** shēnqǐngshū 신청서

3 听 李明为什么找张华?

A. 交报告　　　　　　　B. 请假

C. 一起吃饭　　　　　　D. 修改请假单

4 听 张华觉得李明写的请假单怎么样?

A. 很好　　　　　　　　B. 需要修改

C. 要再写一次　　　　　D. 不能用

※ (5～7) 다음 〈구인공고〉를 읽고 질문에 알맞은 답을 고르세요.

招聘启事

　□ 条件： 1. 男性，35岁以下，本科毕业，有工作经验者。

　　　　　 2. 精通汉语。

　　　　　 3. 身体健康，需要经常出差。

　□ 本公司需招聘人员若干名。

联系人：王先生

大洪贸易公司人事部

2009年 08月 01日

本科 běnkē (대학교의) 학부 | **若干** ruògān 약간 | **联系** liánxì 연락하다 | **人事部** rénshìbù 인사부

5 读　这个公司需要的人?

A. 男性　　　　　　　　　B. 女性

C. 青少年　　　　　　　　D. 男女均可

青少年 qīngshàonián 청소년 | **均可** jūnkě 모두 가능하다

6 读　不是这个公司的招聘要求的是?

A. 本科毕业　　　　　　　B. 精通英语

C. 有工作经验　　　　　　D. 身体健康

7 读　这个公司要招多少人?

A. 1名　　　　　　　　　　B. 2名

C. 35名　　　　　　　　　D. 不知道

8 说 [보기]의 형식을 활용하여, 의견을 묻고 답해 보세요.

[보기] 의견 묻기	의견 말하기
不知道 ~ 好。	如果 ~ 是不是更好?
~ 怎么样?	我觉得 ~。
~ 好不好?	你最好 ~。

①

女 : _____

男 : _____

                         ＊ 放 fàng 넣다 | **盐** yán 소금

②

孩子 : _____

妈妈 : _____

③

职员 : _____

老板 : _____

                         ＊ 炸酱面 zhájiàngmiàn 자장면

9 写 '总的来说~, 只是~'를 사용하여 보기 와 같이 대화를 완성해 보세요.

보기

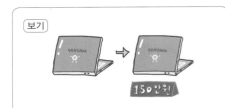

Q : 这个牌子的电脑怎么样?

A : 总的来说不错, 只是有点儿贵。

①

Q : 这间办公室好不好?

A : _____ 。

＊吵 chǎo 시끄럽다

②

Q : 他的汉语怎么样?

A : _____ 。

③

Q : 四川菜怎么样?

A : _____ 。

문화산책

秀水街 Xiùshuǐ Jiē

베이징에서 제일 유명한 짝퉁 시장! 웬만한 유명 상표는 모두 접할 수 있습니다. 정해진 가격이 없기에 부르는 게 값이지요. 직접 부딪쳐서 가격도 깎아 보고, 중국에서 물건을 구매하는 노하우도 쌓아 보세요.

南京路 Nánjīng Lù

백 년이 넘도록 중국인들에게 쇼핑 천국으로 사랑받고 있는 상하이의 난징루! 세련된 외관의 고층빌딩과 전통 느낌을 살린 건물이 상하이의 밤을 아름답게 수놓고 있어, 특히 야간 쇼핑족에게 인기가 많습니다.

谢谢你的邀请。

초대해 주셔서 감사합니다.

이번 단원을 배우면!
- 상대방을 초청할 수 있다.
- 상대방의 초청에 응하거나 거절할 수 있다.

그림 쏙쏙

■ 초청과 관련된 표현을 여러 번 듣고 따라 해 봅시다.

078

① 我想请你来我家
吃饭。

②

③

④

⑤

⑥

단어 등장

- 请 qǐng 초청하다   邀请 yāoqǐng 초대하다   开业 kāiyè 개업하다

- 生日晚会 shēngrì wǎnhuì 생일파티   兴趣 xìngqù 흥미   典礼 diǎnlǐ 의식

079

■ 초대하기

① **请，邀请** : 초청하다

- 我想请您吃饭。
  Wǒ xiǎng qǐng nín chī fàn.

  당신에게 식사 대접을 하고 싶습니다.

- 他邀请我参加宴会。
  Tā yāoqǐng wǒ cānjiā yànhuì.

  그는 나를 파티에 초대했다.

② **能不能** : ～할 수 있습니까?

- 您能不能参加明天的会议?
  Nín néng bu néng cānjiā míngtiān de huìyì?

  당신은 내일 회의에 참석할 수 있습니까?

- 你能不能来我家玩儿?
  Nǐ néng bu néng lái wǒ jiā wánr?

  너 우리 집에 와서 놀 수 있어?

③ **有没有兴趣～?** : ～하는 데에 관심 있으세요?

- 有没有兴趣参加研讨会?
  Yǒu méiyǒu xìngqù cānjiā yántǎohuì?

  세미나에 참석하는 데에 관심 있으세요?

- 有没有兴趣参加开业典礼?
  Yǒu méiyǒu xìngqù cānjiā kāiyè diǎnlǐ?

  개업식에 참석하는 데에 관심 있으세요?

＊ **研讨会** yántǎohuì 세미나

■ 녹음을 다시 듣고 그림 쓱쓱 의 빈 칸을 채워 보세요.

[보기]　①　我想请你来我家吃饭。

■ 다음 행사에 상대방을 초청해 보세요.

①

（妹妹的婚礼）

②

（首尔国际会议）

③

（上海世界博览会）

■상대방의 초청에 대한 대답을 듣고 말해 봅시다.

①

A：请你来我家。

B：谢谢你的邀请。

②

A：你能不能参加我的婚礼?

B：

③

A：您有没有兴趣参加明天的宴会?

B：

● 遗憾 yíhàn 유감스럽다　　巧　qiǎo 공교롭다

■ **승낙이나 거절하기**

상대방의 초청을 승낙할 때에는 초청에 대해서 감사의 표현을 하고, 거절할 때에는 참가하지 못하는 아쉬움을 표현하는 것이 예의입니다.

- 谢谢你的邀请。 　　　　　　　　　　초청해 주셔서 감사합니다.
  Xièxie nǐ de yāoqǐng.

- 真遗憾，以后找机会一起去吧。 　　　아쉽네요, 나중에 기회 봐서 함께 가요.
  Zhēn yíhàn, yǐhòu zhǎo jīhuì yìqǐ qù ba.

■ **'巧'와 '不巧'**

두 가지 일이 동시에 발생했을 때, 상황이 원하는 방향으로 전개되면 '巧'를 쓰고, 반대의 경우라면 '不巧'를 써서 표현합니다.

- 他们决定了在同一天结婚，真是太巧了！
  Tāmen juédìng le zài tóng yì tiān jiéhūn, zhēnshì tài qiǎo le!
  그들은 같은 날 결혼하기로 했는데, 정말 잘됐다!

- 真不巧，小王不在，他刚出去一会儿。
  Zhēn bù qiǎo, Xiǎo Wáng bú zài, tā gāng chūqù yíhuìr.
  공교롭게도, 샤오왕은 없어, 방금 전에 나갔거든.

■ 녹음을 다시 듣고 그림 쓱쓱 의 빈 칸을 채워 보세요.

[보기] ① A : 请你来我家。　　　　　B : 谢谢你的邀请。

■ '巧' 또는 '不巧'를 사용하여 다음 상황을 표현해 보세요.

① 　　　② 　　　③

　　(在商店 / 见)　　　　　　(出去 / 下雨)　　　　　(两个人 / 一样)

■ 창업식 초대 🎧082

张经理	小王，你有没有兴趣参加公司的开业典礼？
	Xiǎo Wáng, nǐ yǒu méiyǒu xìngqù cānjiā gōngsī de kāiyè diǎnlǐ?

小王	开业典礼？是您的公司吗？
	Kāiyè diǎnlǐ? Shì nín de gōngsī ma?

张经理	哪儿啊，是我朋友的。
	Nǎr a, shì wǒ péngyou de.

小王	我去方便吗？不会添麻烦吧？
	Wǒ qù fāngbiàn ma? Bú huì tiān máfan ba?

张经理	看你说的，你去只能添人气。
	Kàn nǐ shuō de, nǐ qù zhǐnéng tiān rénqì.

小王	那我就跟您一起去看看。什么时候？
	Nà wǒ jiù gēn nín yìqǐ qù kànkan. Shénme shíhou?

张经理	后天上午八点。
	Hòutiān shàngwǔ bā diǎn.

小王	哎呀，后天上午我有一个重要会议得参加。
	Āi yā, hòutiān shàngwǔ wǒ yǒu yí ge zhòngyào huìyì děi cānjiā.

张经理	是吗？太不巧了！
	Shì ma? Tài bù qiǎo le!

小王	真遗憾！不过，还是得谢谢您的邀请。
	Zhēn yíhàn! Búguò, háishi děi xièxie nín de yāoqǐng.

张经理	别客气，我想以后还会有机会。
	Bié kèqi, wǒ xiǎng yǐhòu hái huì yǒu jīhuì.

- 添 tiān 보태다　　添麻烦 tiān máfan 폐를 끼치다　　添人气 tiān rénqì 분위기를 띄우다

- 人气 rénqì 인기, 분위기　　机会 jīhuì 기회

- 哎呀 āi yā 이런 (원망, 아쉬움, 불만, 놀람을 나타냄)

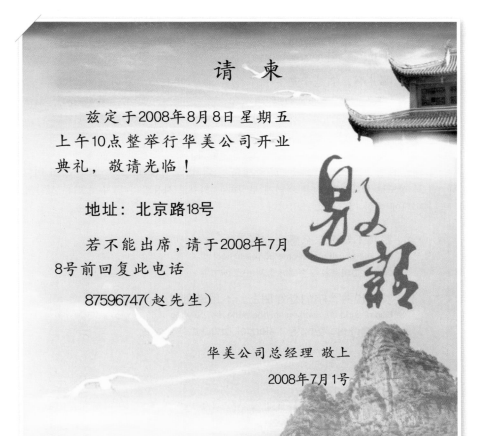

请 柬

兹定于2008年8月8日星期五
上午10点整举行华美公司开业
典礼，敬请光临！

地址：北京路18号

若不能出席，请于2008年7月
8号前回复此电话

87596747(赵先生）

华美公司总经理 敬上
2008年7月1号

- **请柬** qǐngjiǎn 초청장, 청첩장 　　**整** zhěng 정각 　　**地址** dìzhǐ 주소
  此 cǐ 이, 이것

- **兹定于** zīdìng yú 이에 ~하기로 하다 　　**若** ruò 만약 　　**于** yú ~에

- **举行** jǔxíng 거행하다 　　**出席** chūxí 참석하다 　　**回复** huífù 회답하다
  敬请 jìngqǐng 정중하게 초청하다 　　**光临** guānglín 방문하다 (존칭의 표현)
  敬上 jìngshàng 삼가 올립니다

■ 哪儿啊

'천만에! 아니! 어디!'라는 뜻으로 상대방의 말에 동의하지 않거나 부정할 때 사용합니다.

- A : 那个人是张先生吗?　　　　　　　　저 분이 장 선생님이니?
  Nà ge rén shì Zhāng xiānsheng ma?

- B : 哪儿啊，那是李先生。　　　　　　　아니. 그 분은 이 선생님이야.
  Nǎr a, nà shì Lǐ xiānsheng.

■ 看你说的

'看你说的'를 직역하면 '말하는 것 보세요'가 되지만, 일반적으로는 '그런 말이 어디 있어, 무슨 말을' 정도로 상대방의 말을 가볍게 부정하는 의미로 사용합니다. 주로 다른 사람의 감사표현이나 비판에 대한 대답으로 쓰입니다.

- A : 我真不知道怎么感谢你好!
  Wǒ zhēn bùzhīdào zěnme gǎnxiè nǐ hǎo!
  어떻게 고마움을 표현해야 할지 모르겠다!

- B : 看你说的，咱们是好朋友，不用说谢谢。
  Kàn nǐ shuō de, zánmen shì hǎo péngyou, bú yòng shuō xièxie.
  그런 말이 어디 있어, 친구 사이잖아, 고맙다고 안 해도 돼.

■ '添麻烦'과 '添人气'

'添'은 '보태다, 덧붙이다'의 뜻으로 상황을 더욱 발전시킬 때 사용하는 표현입니다. '添麻烦'은 '번거로움을 더하다', '添人气'는 '인기를 더 하다, 분위기를 띄우다'는 뜻입니다.

- A : 很抱歉，我给您添麻烦了。
  Hěn bàoqiàn, wǒ gěi nín tiān máfan le.
  죄송합니다. 제가 당신을 번거롭게 해 드렸네요.

- B : 没关系。
  Méi guānxi.
  괜찮아요.

- A : 今天来了这么多人!
  Jīntiān lái le zhème duō rén!
  오늘 이렇게나 많은 사람이 오다니!

- B : 人多好啊! 可以添人气。
  Rén duō hǎo a! Kěyǐ tiān rénqì.
  사람이 많으니 좋잖아요! 분위기도 띄울 수 있고.

于

'~에, ~에서'라는 뜻으로 '于 + 시간/장소 + 동사' 형식으로 쓰이며, 발생된 일의 시간이나 장소를 나타냅니다. 주로 문어체로 쓰입니다.

- 会议于周五下午两点开始。
  Huìyì yú zhōuwǔ xiàwǔ liǎng diǎn kāishǐ.

  회의는 금요일 오후 두 시에 시작한다.

- 婚礼将于北京饭店举行。
  Hūnlǐ jiāng yú Běijīng fàndiàn jǔxíng.

  결혼식은 베이징호텔에서 거행할 것이다.

* **将** jiāng 머지않아, 곧, 장차

도전 BCT

1 听 녹음을 듣고 여자의 말에 이어질 알맞은 대답을 골라 보세요. 🎧 086

A. 对不起，我来晚了。

B. 我在家吃饭了。

C. 真遗憾，周末我得加班。

2 读 보기 에서 빈칸에 들어갈 알맞은 단어를 찾아 문장을 완성해 보세요.

> 보기 　添　　参加　　人气　　遗憾　　地址

① 新年的时候，你想给家或办公室＿＿＿＿＿点什么？

② 你＿＿＿＿＿过开业典礼或别的典礼吗？请简单介绍一下。

③ 在你的国家，现在＿＿＿＿＿最高的明星是谁？

④ 你有什么＿＿＿＿＿的事情吗？

⑤ 请说说你家的＿＿＿＿＿。

请 柬

尊敬的太平公司总经理王刚先生及夫人：

您好！

兹定于2009年8月9日上午9时，在南京路19号日明大厦前举行

大发公司开业典礼，欢迎届时参加。

敬请光临！

此致

敬礼

大发公司

2009年 7月 25日

* **尊敬** zūnjìng 존경하다 | **大厦** dàshà 빌딩 | **届时** jièshí 정한 기일이 되다
此致 cǐzhì ～에게 보내드립니다 | **敬礼** jìnglǐ 삼가 아뢰다

3 读 这是一个什么请柬?

A. 婚礼请柬

B. 开业请柬

C. 生日请柬

D. 会议请柬

4 读 被邀请的人是谁?

A. 王刚

B. 总经理

C. 王刚和夫人

D. 王刚夫人

5 读 典礼在什么地方举行?

A. 太平公司前

B. 大发公司前

C. 南京大厦前

D. 日明大厦前

6 说 '哪儿啊'와 '看你说的'를 사용하여 대화를 완성해 보세요.

① A：昨天和你一起吃饭的人是你的男朋友吗？

　B：_____。（哥哥）

② A：你比我的工作经验多，请多帮忙啊！

　B：_____。（一起努力）

③ A：小王去上海出差了吧?

　B：_____。（去旅行）

④ A：不好意思，我的汉语说得不太好。

　B：_____。（汉语 / 不错）

7 说 세 사람이 한 조가 되어 주어진 상황에 맞게 대화를 나누어 보세요.

상황

A : B와 C를 자신의 생일파티에 초대한다.
B : 생일파티에 참석할 수 있다.
C : 생일파티에 참석할 수 없다. (이유 설명하기)

A： 你们能不能来我的生日晚会。

B：_____。

C：_____。

_____。

_____。

다음 초대장 양식을 참고해서 자신의 결혼청첩장을 만들고 동료들을 초대해 보세요.

<h3 style="text-align:center">请　柬</h3>

＿＿＿＿先生/女士：

　　　兹订于＿＿＿＿＿＿＿＿＿＿举行＿＿＿＿＿＿＿＿＿＿＿，

敬请＿＿＿＿＿！

地址：＿＿＿＿＿＿＿＿＿＿＿＿＿＿＿＿＿

　　　＿＿＿＿＿＿＿＿＿＿＿＿＿＿＿＿＿

　　　　　　　　　　敬请光临！

此致

　　敬礼

　　　　　　　　　　　　　　＿＿＿＿＿敬上

　　　　　　　　　　　＿＿年　＿＿月　＿＿日

문화산책

고사성어

중국에서 비즈니스를 할 때 유용하게 사용할 수 있는 고사성어입니다. 꼭 기억해 두세요.

	고사성어	의미
1	入乡随俗 rù xiāng suí sú	그 고장에 가면 그 고장의 풍속을 따라야 한다, 로마에 가면 로마법을 따라야 한다
2	一本万利 yì běn wàn lì	적은 자본으로 큰 이익을 얻다, 적은 노력으로 큰 효과를 거두다
3	一马当先 yì mǎ dāng xiān	전투시 말을 몰아 제일 앞으로 나아가다, 맨 앞에서 지도적인 역할을 하다, 앞장서다
4	红红火火 hóng hong huǒ huǒ	(생계나 사업 따위가) 번창하다, 흥성하다, 왕성하다
5	生意兴隆 shēng yi xīng lóng	사업이 번창하다

开业大吉!

개업대길!

이번 단원을 배우면!
· 기원하는 표현을 할 수 있다.
· 상대방에게 축하하는 표현을 할 수 있다.

■ 축하와 관련된 표현을 여러 번 듣고 따라 해 봅시다.

① 　祝你一路平安。

②

③

④

⑤

⑥

- 身体 shēntǐ 신체

- 圆满 yuánmǎn 순조롭다 　健康 jiànkāng 건강하다 　快乐 kuàilè 유쾌하다

- 成功 chénggōng 성공하다 　提升为 tíshēng wéi ～로 승진하다

- 祝 zhù 축복하다 　祝贺 zhùhè 축하, 축하하다 　一路平安 yílùpíng'ān 가시는 길 평안하세요

■ '祝'와 '祝贺'

'祝'는 주로 미래의 일에 대한 희망과 축복을 기원할 때 사용하고, '祝贺'는 이미 일어난 일에 대해서 축하할 때 주로 사용합니다.

- 祝你能找到满意的工作！
  Zhù nǐ néng zhǎo dào mǎnyì de gōngzuò!
  당신이 만족하는 직업을 찾기를 기원합니다!

- 听说你当爸爸了，祝贺你啊！
  Tīngshuō nǐ dāng bàba le, zhùhè nǐ a!
  듣자하니 아빠가 되셨다면서요, 축하드립니다!

*满意 mǎnyì 만족하다

■ 圆满成功

'원만하게 이루어지다, 순조롭게 성공을 거두다'는 의미로, 일상생활에서 자주 사용하는 표현입니다.

- 我希望这次开业庆典圆满成功。
  Wǒ xīwàng zhè cì kāiyè qìngdiǎn yuánmǎn chénggōng.
  이번 개업식이 원만하게 성공하기를 기원합니다.

- 祝贺会议圆满成功。
  Zhùhè huìyì yuánmǎn chénggōng.
  회의가 순조롭게 성공을 거둔 것을 축하드립니다.

*希望 xīwàng 희망하다

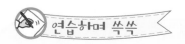

■ 녹음을 다시 듣고 그림 쑥쑥 의 빈 칸을 채워 보세요.

[보기]　① 祝你一路平安。

■ '祝' 또는 '祝贺'를 사용하여 축하나 기원을 표현해 보세요.

① 你的朋友出院了。　　　　→
② 你的朋友要出国了。　　　→
③ 今天是朋友的生日。　　　→

■ 개업식에서 🎧 089

张经理　刘经理，开业大吉啊！
Liú jīnglǐ, kāi yè dà jí a!

刘经理　张经理，您亲自来了，让王秘书代劳就行了。
Zhāng jīnglǐ, nín qīnzì lái le, ràng Wáng mìshū dàiláo jiù xíng le.

张经理　你的公司开业怎么能说是小事呢？
Nǐ de gōngsī kāiyè zěnme néng shuō shì xiǎoshì ne?

刘经理　您言重了，快里边请。
Nín yánzhòng le, kuài lǐbian qǐng.

张经理　连市长都来了，刘经理真有面子啊！
Lián shìzhǎng dōu lái le, Liú jīnglǐ zhēn yǒu miànzi a!

刘经理　哪里哪里！
Nǎli nǎli!

张经理　你不用管我，快去招呼别的客人吧！
Nǐ bú yòng guǎn wǒ, kuài qù zhāohu bié de kèrén ba!

刘经理　今天的客人很多，如果照顾不周到，请多包涵啊！
Jīntiān de kèrén hěn duō, rúguǒ zhàogù bù zhōudào, qǐng duō bāohan a!

张经理　咱们是老朋友了，别这么客气！
Zánmen shì lǎo péngyou le, bié zhème kèqi!

● 代劳 dàiláo 대신 일하다	言重 yánzhòng 말이 지나치다	管 guǎn 관여하다
招呼 zhāohu 인사하다	照顾 zhàogù 돌보다	包涵 bāohan 용서하다
● 市长 shìzhǎng 시장	面子 miànzi 체면, 얼굴	
● 吉 jí 길하다, 좋다	亲自 qīnzì 몸소, 친히, 직접	周到 zhōudào 세심하다
● 让 ràng ~에게 ~하게 하다	哪里哪里 nǎli nǎli 별 말씀을요, 천만에요	

■ 亲自

'몸소, 손수'라는 뜻으로 신분과 지위가 있는 사람이 직접 어떤 일을 함으로써 상대에 대한 존중을 표현하는 말입니다.

· 总经理亲自开车去机场接客人。　　　회장님이 친히 운전하여 공항으로 손님을 맞이하러 가셨다.
Zǒngjīnglǐ qīnzì kāichē qù jīchǎng jiē kèrén.

· 总统亲自写了一封回信。　　　대통령은 직접 한 통의 회신을 썼다.
Zǒngtǒng qīnzì xiě le yì fēng huíxìn.

*总统 zǒngtǒng 대통령

■ 사역동사 '让'

'让 + 사람 + 동사'의 형태로 쓰이는 '让'은 '누구에게 어떤 일을 수행하게 하는 것'을 의미합니다.

· 经理让你去一下。　　　　　　　· 别让孩子喝太多的可乐。
Jīnglǐ ràng nǐ qù yíxià.　　　　　　Bié ràng háizi hē tài duō de kělè.
사장님께서 너에게 좀 가보라고 하셨어.　아이들이 콜라를 너무 많이 마시게 하지 마라.

■ 连~都~

'~조차도 ~하다'라는 뜻으로 '连 + 명사 + 都 + 동사' 형태로 씁니다. 어떤 상황의 정도를 설명할 때에 적절한 예를 들어 제시하는 용법입니다.

· 我太累了，连饭都不想吃。　　　나는 너무 피곤해서 밥조차 먹고 싶지 않다.
Wǒ tài lèi le. lián fàn dōu bù xiǎng chī.

· 他的办公室里连电脑都没有。　　그의 사무실에는 컴퓨터조차도 없다.
Tā de bàngōngshì li lián diànnǎo dōu méiyǒu.

■ 다음 문장을 보기와 같이 '让'을 사용하여 바꿔 보세요.

보기　经理说："小王，请到我的办公室来一下。"
　→　经理让小王到他的办公室去一下。

① 妈妈说："孩子，别喝可乐，喝水，好吗？"
　→

② 张华说："李明，明天你能加班吗？"
　→

③ 我说："大家去我家玩儿吧！"
　→

step 03 练一练

■ 회사 창립식 축사 091

各位领导，各位来宾：
Gè wèi lǐngdǎo, gè wèi láibīn

大家好！
Dàjiā hǎo!

请允许我代表所有的来宾对华美公司的开业
Qǐng yǔnxǔ wǒ dàibiǎo suǒyǒu de láibīn duì Huáměi gōngsī de kāiyè

表示热烈祝贺！ 祝华美公司财源广进，生意兴隆！
biǎoshì rèliè zhùhè!   Zhù Huáměi gōngsī cáiyuán guǎngjìn, shēngyi xīnglóng!

祝开业庆典圆满成功！
Zhù kāiyè qìngdiǎn yuánmǎn chénggōng!

谢谢！
Xièxie!

● 各 gè 각   所有 suǒyǒu 모든, 소유하다   热烈 rèliè 열렬하다   兴隆 xīnglóng 번창하다

● 领导 lǐngdǎo 지도자   来宾 láibīn 내빈, 초대손님   庆典 qìngdiǎn 축하의식

092

● 允许 yǔnxǔ 허락하다   代表 dàibiǎo 대표하다   表示 biǎoshì 표시하다, 나타내다

● 财源广进 cáiyuán guǎngjìn 재물이 많이 들어오다   生意兴隆 shēngyi xīnglóng 사업 번창하다

■ 各位

'한 분, 한 분'이라는 뜻입니다. 이처럼 '各 + 양사 (+명사)' 형태로 쓰이면 '각각의, 하나하나의'라는 의미를 갖게 됩니다.

· 这个牌子的产品在世界各个地方都能买到。
Zhè ge páizi de chǎnpǐn zài shìjiè gège dìfang dōu néng mǎi dào.
이 브랜드의 상품은 세계 각 지역에서 살 수 있다.

· 请各位说说自己的看法。
Qǐng gè wèi shuōshuo zìjǐ de kànfa.
한 분 한 분씩 자신의 생각을 말씀해 보세요.

*看法 kànfa 생각, 견해

■ 允许

'허락하다, 허가하다'라는 뜻으로, 본문에서는 상대의 동의나 이해를 구하는 겸양의 표현으로 쓰였습니다.

· 这类产品不允许进入市场。
Zhè lèi chǎnpǐn bù yǔnxǔ jìnrù shìchǎng.
이 제품들이 시장으로 들어오는 것을 허락하지 않는다.

· 老师不允许我们在上课的时候说话。
Lǎoshī bù yǔnxǔ wǒmen zài shàngkè de shíhòu shuōhuà.
선생님은 우리가 수업할 때 말하는 것을 허락하지 않는다.

*进入 jìnrù 진입하다

■ 对～表示～

'～에게 ～을 표하다'라는 뜻으로 '对 + 대상 + 表示 + (축하, 감사, 사과 등 감정)' 형태로 사용합니다. 어떤 대상에 대한 말하는 사람의 감정을 표현할 때 사용합니다.

· 我对老师表示感谢。
Wǒ duì lǎoshī biǎoshì gǎnxiè.
나는 선생님께 감사의 뜻을 표했다.

· 她对大明公司表示遗憾。
Tā duì Dàmíng gōngsī biǎoshì yíhàn.
그녀는 따밍회사에 유감의 뜻을 표했다.

1 听 녹음을 듣고 내용과 일치하면 ○, 다르면 ×를 표시하세요. 🎧 093

① 小王的汉语不错。 （　　　）

② 小张去经理的办公室。 （　　　）

③ 他的儿子还没找到工作。 （　　　）

※ (2~3) 다음 지문을 읽고, 질문에 알맞은 답을 고르세요.

开业祝词

尊敬的各位领导，各位来宾：

今天是大洪公司的大喜日子，在此开业庆典之际，请允许我代表方正公司对大洪公司的开业表示热烈的祝贺。希望大洪公司在今后的日子里，生意兴隆，财源广进！

谢谢！

---

*祝词 zhùcí 축사 | 之际 zhījì ~한 때

2 读 这是哪个公司的开业典礼?

A. 大洪公司　　　　　　B. 大地公司

C. 方正公司　　　　　　D. 大喜公司

3 读 方正公司对大洪公司的开业表示什么?

A. 表示感谢　　　　　　B. 表示热烈祝贺

C. 表示好感　　　　　　D. 表示遗憾

보기에서 빈칸에 들어갈 알맞은 표현을 찾아 대화를 완성해 보세요.

보기
开业大吉　　　　您言重了　　　　请多包涵,
请允许我做代表　　表示热烈祝贺　　生意兴隆

① A：刘总，您能参加我们开业典礼真是太好了！
　　B：恭喜恭喜！真是　＿＿＿＿＿＿＿　啊！

② A：你的儿子长得帅，学习又好，真是让人羡慕啊！
　　B：＿＿＿＿＿＿＿，我儿子还差得远呢。

③ A：有照顾不周到的地方，＿＿＿＿＿＿＿！
　　B：哪里哪里，谢谢您。

④ 女士们，先生们，＿＿＿＿＿＿＿方正公司向大洪公司开业＿＿＿＿＿＿＿。
　　祝大洪公司开业大吉，＿＿＿＿＿＿＿！

5 说　'连~也~'를 사용하여 상황의 정도를 설명해 보세요.

①
（一毛钱 / 没有）

他　＿＿＿＿＿＿＿＿＿＿＿＿＿。

②
（饭 / 不能吃）

我不舒服，＿＿＿＿＿＿＿＿＿＿＿。

③
（孩子 / 可以回答）

这个问题　＿＿＿＿＿＿＿＿＿＿＿。

6 写 [보기]의 단어를 활용하여 대학교를 졸업하는 지인에게 축하의 글을 써 보세요. (20자 내외)

보기	祝	毕业	成功	祝贺	找到

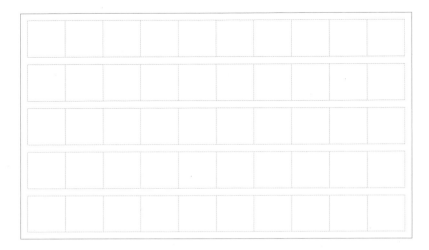

문화산책

吉利话

중국에서는 보통 회사 창업식에 초대받으면, 화환에 다음과 같은 吉利话(jílìhuà. 길한 말)를 함께 적어 보냅니다.

길한 말	의미
开业大吉 kāi yè dà jí	개업에 좋은 운이 따르길 바랍니다
财源广进 cái yuán guǎng jìn	수많은 재물이 쌓이길 바랍니다
恭喜发财 gōng xǐ fā cái	돈 많이 버세요!
生意兴隆 shēng yi xīng lóng	사업이 번창하시길 바랍니다
万事如意 wàn shì rú yì	모든 일이 뜻대로 이루어지길 바랍니다

别着急，要有耐心！

조급해 하지 말고, 인내심을 가져요!

이번 단원을 배우면!

• 불만을 표현을 할 수 있다.
• 위로하는 표현을 할 수 있다.

step **01** 认一认

■ 불만에 관한 표현을 여러 번 듣고 따라해 봅시다.

① 我不喜欢抽烟。

②

③

④

⑤

⑥

- 讨厌 tǎoyàn 싫다　　烦 fán 골치 아프다　　脏 zāng 더럽다　　无聊 wúliáo 지루하다
  透 tòu 충분하다, 그지없다

- 运动 yùndòng 운동

- 抽烟 chōuyān 담배 피우다　分手 fēnshǒu 헤어지다　伤心 shāngxīn 마음이 아프다

■ **싫어함과 불만 표현하기**

'좋다'는 표현은 일반적으로 '喜欢'을 사용하는데, 반대로 '싫다'는 표현은 아래와 같은 몇 가지
방법을 사용합니다.

① **不喜欢 + 명/동사** : ~을 싫어하다

- 他不喜欢下雨。　　　　　　　　　　　그는 비가 내리는 것을 싫어한다.
  Tā bù xǐhuan xiàyǔ.

- 我最不喜欢星期一。　　　　　　　　　나는 월요일이 제일 싫다.
  Wǒ zuì bù xǐhuan xīngqīyī.

② **讨厌 + 명/동사, 烦 + 명/동사** : ~이 싫다, 짜증나다

- 真讨厌!　　　　　　　　　　　　　　정말 싫어!
  Zhēn tǎoyàn!

- 我最烦夏天。　　　　　　　　　　　나는 여름이 제일 짜증나.
  Wǒ zuì fán xiàtiān.

③ **형용사 + 透了** : 좋지 않은 정도가 극에 달했음

- 我的心情坏透了。　　　　　　　　　나는 기분 나빠 죽겠어.
  Wǒ de xīnqíng huài tòu le.

- 烦透了。　　　　　　　　　　　　　짜증나 죽겠어.
  Fán tòu le.

 연습하며 쑥쑥

■ 녹음을 다시 듣고 그림 쑥쑥 의 빈 칸을 채워 보세요.

보기　　① 我不喜欢抽烟。

■ 제시어를 사용하여 다음 상황을 설명해 보세요.

① (不喜欢~)

② (最讨厌~)

③ (~透了)

■불만에 대한 위로의 표현을 잘 듣고 말해 봅시다.

①

A : 真讨厌，我最烦下雨了！

B : 对对。我也不喜欢下雨。

②

A : 无聊透了!

B :

③

A : 这不是我想要的生活。

B :

- 实现 shíxiàn 실현하다　　　想要 xiǎngyào 희망하다, 하려고 하다

- 着急 zháojí 초조하다, 조급하다

- 早晚 zǎowǎn 언젠가는, 조만간

- 耐心 nàixīn 인내심　　　理想 lǐxiǎng 꿈, 이상

■ 别

'别 + 동사'는 '~하지 마라'라는 명령이나 권유의 의미입니다. 좀 더 간곡한 부탁이나 권유를 표현을 할 때에는 앞에 '千万'을 사용합니다.

- 你别哭。   울지 마.
  Nǐ bié kū.

- 你千万别迟到。   너 제발 지각하지 마.
  Nǐ qiānwàn bié chídào.

*千万 qiānwàn 제발

■ 只要~, 就~

'只要 + 조건, 就 + 결과'는 '~하기만 하면, ~하다'라는 의미로, 어떤 조건이 충족되기만 하면 어떤 결과가 나타난다는 표현입니다.

- 只要你们都同意，我就同意。
  Zhǐyào nǐmen dōu tóngyì, wǒ jiù tóngyì.
  너희들이 동의하기만 하면, 나도 동의한다.

- 这个周末只要天气好，我们就去打高尔夫球。
  Zhè ge zhōumò zhǐyào tiānqì hǎo, wǒmen jiù qù dǎ gāo'ěrfūqiú.
  이번 주말 날씨가 좋기만 하면, 우리는 골프를 치러 간다.

■ 녹음을 다시 듣고, 그림 쑥쑥 의 빈 칸을 채워 보세요.

[보기] ① 我不喜欢抽烟。

■ '只要~, 就~'를 사용하여 [보기]와 같이 문장을 완성해 보세요.

[보기]

只要 努力学习 ,
我的成绩 就好 。

① 바쁘지만 않으면...

只要   ,
我就   。

② 비싸지만 않으면...

只要   ,
我就   。

■ 불만 표현하기 🎧 098

李丽	你来了。哎呀，没带雨伞吧，衣服都湿了。
	Nǐ lái le. Āi yā, méi dài yǔsǎn ba, yīfu dōu shī le.

刘明	真讨厌，我最烦下雨了！
	Zhēn tǎoyàn, wǒ zuì fán xiàyǔ le!

李丽	是啊，到处都湿乎乎的，鞋和裤子也脏乎乎的。
	Shì a, dàochù dōu shīhūhū de, xié hé kùzi yě zànghūhū de.

刘明	最可气的是，有些汽车开过去的时候，根本不减速。
	Zuì kěqì de shì, yǒuxiē qìchē kāi guo qù de shíhòu, gēnběn bù jiǎnsù.

李丽	对对，我也遇到过几次。
	Duì duì, wǒ yě yùdào guo jǐ cì.

刘明	遇到这样的司机，我真想骂他几句。
	Yùdào zhè yàng de sījī, wǒ zhēn xiǎng mà tā jǐ jù.

李丽	哼，等我买了汽车。
	Hēng, děng wǒ mǎi le qìchē.

刘明	啊？
	Á?

- 湿乎乎 shīhūhū 축축하다   脏乎乎 zānghūhū 불결하다, 더럽다

- 减速 jiǎnsù 감속하다   骂 mà 욕하다   遇到 yùdào 맞닥뜨리다, 마주치다

- 到处 dàochù 곳곳에   根本 gēnběn 근본   司机 sījī 기사

- 哼 hēng 흥(콧소리)

■ 위로하기 🎧 100

| 刘明 | 这个破工作，我真不想干了！ |
| | Zhè ge pò gōngzuò, wǒ zhēn bù xiǎng gàn le! |

| 李丽 | 怎么了？ 才干了一个月就不想干了？ |
| | Zěnme le? Cái gàn le yí ge yuè jiù bù xiǎng gàn le? |

| 刘明 | 每天都重复同样的事情，无聊透了！ |
| | Měitiān dōu chóngfù tóngyàng de shìqíng, wúliáo tòu le! |

| 李丽 | 秘书工作就是这样啊！ |
| | Mìshū gōngzuò jiùshì zhè yàng a! |

| 刘明 | 这不是我想要的生活，我想要变化和挑战！ |
| | Zhè bú shì wǒ xiǎng yào de shēnghuó, wǒ xiǎngyào biànhuà hé tiǎozhàn! |

| 李丽 | 别着急，要有耐心，只要你努力，就会实现你的理想。 |
| | Bié zháojí, yào yǒu nàixīn, zhǐyào nǐ nǔlì, jiù huì shíxiàn nǐ de lǐxiǎng. |

| 刘明 | 真的吗？ |
| | Zhēnde ma? |

- 破 pò 형편없는   同样 tóngyàng 같다, 다름없다

- 干 gàn ～하다   重复 chóngfù 반복하다

- 生活 shēnghuó 생활   变化 biànhuà 변화   挑战 tiǎozhàn 도전

■ 到处都~

'모든 곳, 어디에서든'이라는 뜻으로 모든 장소에 어떤 사항이 공통적으로 해당될 때 사용합니다.

- 商店里到处都是人。　　　　　　　상점 안 모든 곳이 다 사람이다.
  Shāngdiàn li dàochù dōu shì rén.

- 到处都可以看到可口可乐的广告。　어디를 가든 코카콜라 광고를 볼 수 있다.
  Dàochù dōu kěyǐ kàn dào kěkǒu kělè de guǎnggào.

■ A乎乎

'단음절 형용사 + 乎乎'는 어떤 특정 상태를 강조해 묘사합니다.

- 外边黑乎乎的。　　　　　　　　　밖이 깜깜하다.
  Wàibian hēihūhū de.

- 看你的手，脏乎乎的，快去洗洗！　손 좀 봐, 지저분하잖아, 빨리 가서 씻어!
  Kàn nǐ de shǒu, zànghūhū de, kuài qù xǐxi!

■ 可 + 단음절 동사

'可'가 접두사로 쓰이고 뒤에 단음절 동사가 오면, 동사가 형용사의 성질을 갖게 됩니다. 사람으로 하여금 어떤 감정을 느끼게 한다는 의미를 지닙니다.

- 听到那话，你还不觉得可气吗?　　그런 말을 듣고도 화가 나지 않니?
  Tīng dào nà huà, nǐ hái bù juéde kěqì ma?

- 孩子非常可爱。　　　　　　　　　아이가 매우 사랑스럽다.
  Háizi fēicháng kě'ài.

■ 破

'破 + 명사'는 '형편없는, 하찮은 무엇'이라는 뜻으로 혐오의 의미가 내포되어 있습니다. 따라서 말하는 대상에 대한 매우 부정적인 의견을 나타냅니다.

- 这破电影，太没意思了。　　　　　이 형편없는 영화 같으니라고, 정말 재미없네.
  Zhè pò diànyǐng, tài méi yìsi le.

- 我再也不要去那破饭店了。　　　　그 형편없는 호텔에 다시는 가지 않을 거야.
  Wǒ zài yě bú yào qù nà pò fàndiàn le.

■ 才~就~

'才 + 시간 + 就 + 동사'는 '겨우 ~만에 ~하다'는 뜻으로 어떤 일이 생각보다 빠르게 발생했거나 어떤 일이 지속되는 시간이 길지 않음을 나타냅니다.

- 才七点他就去上班了。　　　　　　　아직 7시 밖에 안 됐는데 그는 출근했다.
  Cái qī diǎn tā jiù qù shàngbān le.

- 在中国才住了半个月，我就想家了。　중국에 겨우 반 년 살았는데, 집이 그리워졌다.
  Zài Zhōngguó cái zhù le bàn ge yuè, wǒ jiù xiǎng jiā le.

도전 BCT

1 听 녹음을 듣고 말하는 사람이 무엇에 불만이 있는지 말해 보세요. 🎧 102

① _____。

② _____。

③ _____。

2 听 녹음을 듣고 [보기]에서 알맞은 단어를 골라 문장을 완성해 보세요. 🎧 103

[보기]　可笑　　可惜　　可怜　　可爱

① 这个故事太_____了！

② 我觉得小狗很_____。

③ 没有父母的孩子很_____。

④ 我新买的手机丢了，真_____！

* 可笑 kěxiào 우습다 | 可惜 kěxī 아쉽다 | 可怜 kělián 가엽다
| 故事 gùshi 이야기 | 孤儿 gū'ér 고아

※ (3~5) 다음 지문을 읽고 질문에 알맞은 답을 고르세요.

我从2004年开始工作到现在有5年了。本来觉得这个工作很适合我，可是，去年开始对这份工作十分不满，不想干了。经理每天给我很多事，他经常丢我做好的东西，然后他又让我再做。我每天做自己的工作已经够烦了，还让我经常打扫办公室。

* **适合** shìhé 적합하다 | **十分** shífēn 매우 | **不满** bùmǎn 불만족스럽다
丢 diū 잃어버리다 | **打扫** dǎsǎo 청소하다

3 读 今年是哪一年?

A. 2004年   B. 2005年

C. 2008年   D. 2009年

4 读 我为什么做这个工作?

A. 对工作很满意   B. 工作适合我

C. 经理很好   D. 做的事少

5 读 哪一个不是我对工作不满的原因?

A. 经理给很多事做   B. 做好的东西被弄丢

C. 钱太少   D. 让我打扫卫生

6 读 〔보기〕에서 다음 빈칸에 들어갈 알맞은 단어를 찾아 문장을 완성해 보세요.

> 〔보기〕 乱乎乎　　热乎乎　　气乎乎　　黑乎乎　　胖乎乎

① 外边＿＿＿＿＿的，什么也看不到。

② 我想吃＿＿＿＿＿的包子。

③ 这个孩子＿＿＿＿＿的。

④ 他的房间总是＿＿＿＿＿的。

⑤ 看你＿＿＿＿＿的样子，怎么了？

7 说 '到处都～'를 사용하여 다음 문장을 바꿔 보세요.

① 在中国，很多人都骑自行车。

　→ ＿＿＿＿＿＿＿＿＿＿＿＿＿＿＿＿。

② 这条路上有很多商店。

　→ ＿＿＿＿＿＿＿＿＿＿＿＿＿＿＿＿。

③ 桌子上、床上、地上有很多书。

　→ ＿＿＿＿＿＿＿＿＿＿＿＿＿＿＿＿。

④ 圣诞节前，你可以看到很多人在买礼物。

　→ ＿＿＿＿＿＿＿＿＿＿＿＿＿＿＿＿。

8 说 세 사람이 한 조가 되어, 〔보기〕의 단어를 활용하여 자기의 현재 불만을 표현해 보세요.

> 〔보기〕 ～透了　　　　无聊　　　　　　讨厌
> 　　　　破～　　　　我最烦～　　　　我真想骂～几句
> 　　　　到处都～　　才～就～　　　　～乎乎
> 　　　　不想～　　　～不是我想要的　你熟

9 写 '才~就~'를 사용하여 다음 상황을 표현해 보세요.

①

_____.

②

_____.

③

_____.

④

_____.

문화산책

중국인의 식사 예절

중국인들은 누가 어떤 자리에 앉아서 식사하는지를 매우 중요하게 여깁니다. 오른쪽 그림처럼 초대하는 사람은 출입문의 맞은편 정중앙 자리(A)에 앉고, 초대한 사람이 음식 값을 지불합니다. 또한 그 외의 손님 자리는 초대한 사람이 지정해 줄 수 있는데, 보통은 초대 받은 사람 중 중요한 사람이 초대한 사람의 가까운 곳에 앉습니다.
초대 받았을 때, 예의상 음식을 모두 비우는 경우가 있는데, 중국에서는 초대한 사람이 부족함을 느끼지 않도록 음식을 조금 남기는 것이 예의라고 합니다.

过奖了!
과찬이십니다!

이번 단원을 배우면!
• 상대방을 칭찬하는 표현을 할 수 있다.
• 칭찬에 알맞은 겸양의 표현을 할 수 있다.

■ 상대방의 장점에 대한 칭찬 표현을 여러 번 듣고 따라해 보세요.

① 网球高手

②

③

④

⑤

⑥

● 佩服 pèifú 감탄하다

● 高手 gāoshǒu 고수   销售 xiāoshòu 판매, 판매하다   厨艺 chúyì 요리 솜씨   体力 tǐlì 체력

高手

우리말에도 '고수'라는 표현이 있듯이 중국어에서도 어떠한 일에 능통한 사람을 가리켜 '高手'라고 합니다.

- 武林高手　　　　　　　　　　　　무림고수
  wǔlín gāoshǒu

- 恋爱高手　　　　　　　　　　　　연애고수
  liàn'ài gāoshǒu

最让我佩服的是～

어떤 대상의 장점에 대하여 칭찬할 때에는 '나를 가장 감탄하게 하는 것은～'이라는 뜻으로 '最让我佩服的是～'라는 표현을 사용합니다.

- 最让我佩服的是会议的规模。　　　　나를 가장 감탄하게 하는 것은 회의의 규모이다.
  Zuì ràng wǒ pèifú de shì huìyì de guīmó.

- 最让我们佩服的是他的外貌。　　　　우리를 가장 감탄하게 하는 것은 그의 외모이다.
  Zuì ràng wǒmen pèifú de shì tā de wàimào.

* **规模** guīmó 규모 | **外貌** wàimào 외모

■ 녹음을 다시 듣고 그림 쓱쓱 의 빈 칸을 채워 보세요.

보기　　① 网球高手

■ 다음 그림을 보고, 적절한 칭찬의 표현을 해 보세요.

① 　② 　③

step **02** 说一说

■ 칭찬에 대한 겸양의 표현을 듣고 말해 봅시다.

①

A : 你的汉语跟中国人一样好。

B : 过奖了。

106

②

A : 你真漂亮。

B :

③

A : 你是个钢琴高手。

B :

● 钢琴 gāngqín 피아노

● 夸奖 kuājiǎng 칭찬하다　　　　　　　　　过奖 guòjiǎng 과찬하다

● 说不上 shuōbúshàng ～라고 할 정도는 아니다　　只是～罢了 zhǐshì～ bà le 단지 ～일 뿐이다

107

■ **过奖了**

다른 사람의 칭찬에 대하여 겸양의 표현을 할 때 '과찬이십니다'라는 의미로 '过奖了' 혹은 '夸奖了'라고 답합니다.

- A : 你真是个销售高手!　　　　　당신은 정말 영업고수네요!
  Nǐ zhēn shì ge xiāoshòu gāoshǒu!

  B : 过奖了。　　　　　　　　　　과찬이십니다.
  Guòjiǎng le.

■ **～什么**

'형용사 + 什么'는 다른 사람의 의견에 부정을 나타내며 '不 + 형용사'와 의미가 유사합니다.

- A : 今天太冷了！
  Jīntiān tài lěng le!
  오늘 너무 춥다!

  B : 冷什么呀，是你穿得太少了。
  Lěng shénme ya, shì nǐ chuān de tài shǎo le.
  뭐가 추워, 네가 옷을 너무 적게 입었어.

- A : 能去英国出差真不错！
  Néng qù Yīngguó chūchāi zhēn bú cuò!
  영국 출장을 갈 수 있다니 굉장한 걸!

  B : 不错什么呀，我不想去。
  Bú cuò shénme ya, wǒ bù xiǎng qù.
  굉장할 게 뭐 있어, 나는 가고 싶지 않아.

■ **说不上～，只是～罢了**

다른 사람의 칭찬에 대해 겸손함을 표현할 때 사용하며 '상대방이 말하는 수준에 도달하지 못했다'라는 의미를 담고 있습니다.

- 我的孩子说不上聪明，只是努力罢了。
  Wǒ de háizi shuōbúshàng cōngmíng, zhǐshì nǔlì bà le.
  우리 아이는 똑똑하다고 할 수 없어요, 단지 노력할 뿐이에요.

- 今天说不上冷，只是有点风罢了。
  Jīntiān shuōbúshàng lěng, zhǐshì yǒudiǎn fēng bà le.
  오늘은 춥다고 할 수 없어요, 단지 바람이 조금 불 뿐이에요.

■ 녹음을 다시 듣고 그림 쓱쓱 의 빈 칸을 채워 보세요.

[보기] ① A : 你的汉语跟中国人一样好。

B : 过奖了。

■ 테니스장에서 🎧 108

刘总　今天又是赵总赢！
Jīntiān yòu shì Zhào zǒng yíng!

您是高尔夫球高手，以后不敢跟您打球了。
Nín shì gāo'ěrfūqiú gāoshǒu, yǐhòu bùgǎn gēn nín dǎ qiú le.

赵总　说不上高手，只是一个爱好罢了。
Shuōbúshàng gāoshǒu, zhǐshì yí ge àihào bà le.

刘总　最让我佩服的是赵总的体力，总是那么好。
Zuì ràng wǒ pèifú de shì Zhào zǒng de tǐlì, zǒngshì nàme hǎo.

赵总　哈哈，现在不行了，老了！
Hāhā, xiànzài bù xíng le, lǎo le!

刘总　老什么呀，看您打球的样子，跟小伙子一样。
Lǎo shénme ya, kàn nín dǎ qiú de yàngzi, gēn xiǎohuǒzi yíyàng.

赵总　谢谢夸奖！
Xièxie kuājiǎng!

● 赢 yíng 이기다

● 小伙子 xiǎohuǒzi 젊은이

● 不敢 bùgǎn 감히 ～하지 못하다　总是 zǒngshì 항상, 늘　哈哈 hāha 하하 (웃음소리)

张总　不知道今天的菜合不合口味。
　　　Bùzhīdào jīntiān de cài hé bu hé kǒuwèi.

刘总　真是美味啊！比高级饭店里做的还好吃！
　　　Zhēnshì měiwèi a! Bǐ gāojí fàndiànli zuò de hái hǎochī!

赵总　是啊，早就听说过张总的夫人厨艺一流，
　　　Shì a, zǎojiù tīngshuō guo Zhāng zǒng de fūrén chúyì yī liú

　　　真是名不虚传！
　　　zhēnshì míng bù xū chuán!

张总　过奖了，过奖了。只是几个家常便饭罢了。
　　　Guòjiǎng le, guòjiǎng le. Zhǐshì jǐ ge jiācháng biànfàn bà le.

赵总　张总真是好福气啊，夫人又漂亮又能干。
　　　Zhāng zǒng zhēnshì hǎo fúqì a, fūrén yòu piàoliang yòu nénggàn.

刘总　你没听说过吗？
　　　Nǐ méi tīngshuō guo ma?

　　　"每个成功男人身后都有一个伟大的女人"！
　　　"Měi ge chénggōng nánrén shēnhòu dōu yǒu yí ge wěidà de nǚrén"!

● 合 hé 맞다

● 口味 kǒuwèi 입맛　　美味 měiwèi 좋은 맛, 맛이 좋은 음식
饭店 fàndiàn 호텔　　名不虚传 míng bù xū chuán 명실상부하다
家常便饭 jiācháng biànfàn 평상시 집에서 먹는 음식　　福气 fúqì 복

● 高级 gāojí 고급의　　一流 yīliú 일류　　能干 nénggàn 유능하다　　伟大 wěidà 위대하다

■ 赢

'이기다'라는 뜻으로, '**赢 + 목적어(사람/사물)**'의 형식으로 사용하며 일반적으로 앞에 부정사를 쓸 수 없습니다. 대신 반대의 의미인 '패배하다'는 '**输**'를 사용합니다.

- 赢了这场比赛。
  Yíng le zhè chǎng bǐsài.

  이번 경기를 이겼다.

- 王总又输了10块钱。
  Wáng zǒng yòu shū le shí kuài qián.

  왕 사장님은 또 10위안을 잃었다.

  * **输** shū 지다, 잃다

■ 合口味

기본적으로 '음식이 자신의 입맛에 맞다'는 뜻으로 쓰이지만, 확장해서 '어떤 상황이나 사물이 자신의 취향, 기호에 잘 맞다'라는 뜻으로도 사용됩니다.

- 这饭店的菜不合我的口味。
  Zhè fàndiàn de cài bù hé wǒ de kǒuwèi.

  이 식당의 음식은 내 입맛에 맞지 않는다.

- 这种音乐很合我的口味。
  Zhè zhǒng yīnyuè hěn hé wǒ de kǒuwèi.

  이런 음악은 내 취향이다.

■ 家常便饭

'가정에서 늘 해먹는 간단한 음식'을 말합니다. 의미가 확대되어 어떤 상황이 자주 출현함을 설명하기도 합니다.

- 这家饭馆做的都是家常便饭，又好吃又便宜。
  Zhè jiā fànguǎn zuò de dōushì jiācháng biànfàn, yòu hǎochī yòu piányi.
  이 호텔에서 만드는 음식은 모두 가정 음식인데, 맛있고 저렴하다.

- 对小王来说，上班迟到是家常便饭。
  Duì Xiǎo Wáng lái shuō, shàngbān chídào shì jiācháng biànfàn.
  샤오왕에게 있어, 출근할 때 지각하는 것은 일상다반사이다.

도전 BCT

1 听 녹음을 듣고 질문에 알맞은 답을 고르세요. 🎧 112

Q : 关于小王，下面哪个是不正确的?

A. 来公司的时间不长　　　B. 网球打得非常好

C. 是一个能干的人　　　　D. 长的样子不错

＊ 关于 guānyú ～대해서

※ (2～4) 녹음을 듣고 질문에 알맞은 답을 고르세요. 🎧 113

2 听 赵总什么时候打球赢了?

A. 昨天赢了　　　　B. 今天赢了

C. 今天输了　　　　D. 经常赢

3 听 朋友为什么说不敢跟赵总打球?

A. 赵总球打得不好　　　B. 赵总是高手

C. 赵总打人　　　　　　D. 朋友们不会打球

4 听 赵总赢的原因是什么?

A. 赵总很幸运　　　　B. 赵总体力好

C. 赵总是运动员　　　D. 赵总很年轻

＊ 运动员 yùndòngyuán 운동선수

（酒店饭桌上）

张总： 王总，今天的菜还合您的口味吧？

王总： 很不错，今天让你们请客真是不好意思。

张总： 哪里哪里，只是家常便饭罢了。这次做成这笔生意全靠王总您，
请您吃饭是应该的。

王总： 我只是按程序办事罢了，说不上帮忙。

张总： 王总，这您就太客气了，没有您同意，合同怎么签得成。

＊ **酒店** jiǔdiàn 호텔 | **做成** zuòchéng 성사시키다 | **笔** bǐ 뭉. 건(사업과 관련된 양사) | **全靠** quánkào 완전히 의지하다
按 àn ～의해서 | **程序** chéngxù 절차 | **合同** hétong 계약

5 读 王总在跟谁吃饭？

　　A. 朋友　　　　　　　　B. 亲戚

　　C. 家人　　　　　　　　D. 生意往来客户

6 读 他们为什么要一起吃饭？

　　A. 对方想感谢王总的帮忙　B. 他们都很饿

　　C. 这里的菜很有名　　　　D. 王总要求的

7 读 合同是怎么签成的？

　　A. 王总不同意　　　　　　B. 王总夫人帮忙

　　C. 经过王总同意　　　　　D. 王总按程序办事

8 说 '说不上~，只是~罢了'를 사용하여 답해 보세요.

① 你的汉语和中国人一样好啊！

→ _____ 。

② 你的孩子太聪明了，每次考试总是第一。

→ _____ 。

③ 老板最信任你了。

→ _____ 。

* 信任 xìnrèn 신임하다, 신뢰하다

9 说 '형용사 + 什么'를 사용하여 A의 말을 부정해 보세요.

①

A：这件衣服500多块，太贵了！

B：_____ 。

②

A：这个电影很有意思，是不是?

B：_____ 。

③

A：汉堡包真好吃，我还想吃一个！

B：_____ 。

④

A：他长得真帅!

B：_____ 。

10 写 다음 상황에 맞추어서 축하 편지를 써 보세요.

상황 당신은 백화점 사장이고, 당신의 친구가 한 회사의 사장으로 부임하게 되었습니다. 친구에게 축하의 편지를 써서, 그의 사람됨과 능력에 대해 칭찬하고, 사업이 잘 되기를 축복해 주려고 합니다.

조건 250자 이상, 서신체로 작문해 보세요.

참고 단어 提升为 / 百货商店 / 祝贺 / 最让我佩服的是

贺 信

尊敬的＿＿＿＿＿＿先生：

＿＿＿＿＿＿＿＿＿＿＿＿＿＿＿＿＿＿＿＿＿＿＿＿＿＿＿＿＿

＿＿＿＿＿＿＿＿＿＿＿＿＿＿＿＿＿＿＿＿＿＿＿＿＿＿＿＿＿

＿＿＿＿＿＿＿＿＿＿＿＿＿＿＿＿＿＿＿＿＿＿＿＿＿＿＿＿＿

＿＿＿＿＿＿＿＿＿＿＿＿＿＿＿＿＿＿＿＿＿＿＿＿＿＿＿＿＿

＿＿＿＿＿＿＿＿＿＿＿＿＿＿＿＿＿＿＿＿＿＿＿＿＿＿＿＿＿

敬祝
安康！

金达百货商场经理　赵刚
＿＿＿＿年 ＿＿＿月 ＿＿＿日

문화산책

중국인의 겸양 표현

서양인은 칭찬을 들으면 '감사합니다'라는 말로 대답을 하곤 하는데, 중국인들은 겸손을 미덕이라고 생각하기 때문에 보통 다음과 같이 대답합니다.

"哪里哪里。(Nǎli nǎli. 천만에요.)"
"没有没有。(Méiyǒu méiyǒu. 아니에요.)"
"哪儿的话。(Nǎr de huà. 무슨 말씀을.)"

多亏有你们的帮助。

여러분의 도움 덕분입니다.

이번 단원을 배우면!

• 중국어로 감사의 뜻을 표현할 수 있다.
• 중국어로 겸양의 뜻을 표현할 수 있다.

■ 다음 그림을 보고 감사와 겸양의 표현을 듣고 말해 봅시다.

①

A : 非常感谢你。

B : 别客气了。

②

A :

B :

③

A :

B :

● 合作 hézuò 협력

● 感谢 gǎnxiè 감사하다　　多亏 duō kuī 덕분이다　　热心 rèxīn 열심이다, 적극적이다

帮助 bāngzhù 돕다

■ 多亏

'多亏~，（才）~'는 '~덕분에 ~하다'는 의미로 어떤 사람의 도움을 받아 성과를 거두었을 때 사용하는 감사의 표현입니다

- 多亏你告诉我，我才知道那家公司正在招聘。
  Duō kuī nǐ gàosu wǒ, wǒ cái zhīdao nà jiā gōngsī zhèngzài zhāopìn.
  네가 알려준 덕분에, 그 회사에서 직원 모집하는 걸 알 수 있었어.

- 多亏大家照顾小王，他的病很快就好了。
  Duō kuī dàjiā zhàogù Xiǎo Wáng, tā de bìng hěn kuài jiù hǎo le.
  여러분이 샤오왕을 돌봐준 덕분에 그의 병이 빨리 나았다.

■ 那是我应该做的

상대방의 감사에 대해 겸손하게 대답하는 전형적인 표현입니다.

- A : 谢谢。多亏你照顾我，我的病很快就好了。
  Xièxie. Duō kuī nǐ zhàogù wǒ, wǒ de bìng hěn kuài jiù hǎo le.
  고맙습니다. 당신이 저를 돌봐준 덕분에 제 병이 빨리 나았습니다.

  B : 不用谢。那是我应该做的。
  Bú yòng xiè. Nà shì wǒ yīnggāi zuò de.
  고맙긴요. 제가 마땅히 해야 할 일이었는걸요.

■ 녹음을 다시 듣고 그림 쏙쏙 의 빈 칸을 채워 보세요.

[보기] ① A : 非常感谢你。　　　　B : 别客气了。

■ '多亏'를 사용하여 [보기]와 같이 감사의 표현을 해 보세요.

> [보기] 下雨了，你的朋友给你雨伞。
> → 多亏了你，我的衣服才没被湿。

① 你的汽车在半路上坏了，一个人帮你修好了车。

　→

② 你的文件丢在出租车上了，司机发现后还给了你。

　→

③ 你在饭馆看不懂菜单，有一个服务员会说英语。

　→

■ 성의 표현하기  116

小张　小王，这是我的一点心意，你收下。
Xiǎo Wáng, zhè shì wǒ de yì diǎn xīnyì, nǐ shōu xià.

小王　无缘无故地为什么给我送礼啊？
Wúyuán wúgù de wèishénme gěi wǒ sònglǐ a?

小张　感谢你啊。
Gǎnxiè nǐ a.

小王　这我就更不明白了。
Zhè wǒ jiù gèng bù míngbái le.

小张　多亏你的热心帮助，我才得到了提升。
Duō kuī nǐ de rèxīn bāngzhù, wǒ cái dédào le tíshēng.

小王　那是我应该做的，再说，这也是你努力的结果啊！
Nà shì wǒ yīnggāi zuò de, zài shuō, zhè yě shì nǐ nǔlì de jiéguǒ a!

小张　别客气了，不然就是看不起我。
Bié kèqi le, bùrán jiù shì kànbuqǐ wǒ.

小王　好吧，那我就恭敬不如从命了。 谢谢！
Hǎo ba, nà wǒ jiù gōngjìng bùrú cóngmìng le. Xièxie!

117

● 结果 jiéguǒ 결과

● 恭敬 gōngjìng 공손하다, 예의바르다

● 收下 shōuxià 받아두다　　送礼 sònglǐ 선물을 보내다　　看不起 kànbuqǐ 얕보다
从命 cóngmìng 분부를 따르다

● 不然 bùrán 그렇지 않으면　　无缘无故 wúyuán wúgù 아무런 원인이나 이유도 없다

■ **再说**

앞서 언급한 말에 대해서 추가로 이유나 상황을 설명할 때, 추가하는 문장의 앞에 사용합니다.

- 明天去吧。已经太晚了，再说下大雨呢。
  Míngtiān qù ba. Yǐjing tài wǎn le, zài shuō xià dàyǔ ne.
  내일 가자. 이미 너무 늦은데다, 큰비까지 내리잖아.

- 这道菜有点儿贵，再说也不好吃。
  Zhè dào cài yǒu diǎnr guì, zài shuō yě bù hǎochī.
  이 요리는 조금 비싼데다, 맛도 없다.

■ **不然~**

'(만약) 그렇지 않으면'이라는 의미로 앞에는 대부분 요구, 요청, 명령의 표현이 옵니다.

- 你给他打个电话吧，不然他可能不知道我们在等他。
  Nǐ gěi tā dǎ ge diànhuà ba, bùrán tā kěnéng bùzhīdào wǒmen zài děng tā.
  그에게 전화 해, 그렇지 않으면 그는 우리가 기다리고 있다는 것을 모를지도 몰라.

- 多穿点衣服，不然会感冒。
  Duō chuān diǎn yīfu, bùrán huì gǎnmào.
  옷을 많이 입어라, 그렇지 않으면 감기 걸린다.

■ **恭敬不如从命**

'예의를 차려 사양하는 것보다 말을 따르는 편이 낫다'는 의미로 다른 사람의 호의, 초청이나 선물을 먼저 사양하다가 결국 수락하게 될 때 사용하는 완곡한 표현입니다.

- A: 今天我请客！   오늘은 내가 낼게!
     Jīntiān wǒ qǐngkè!

  B: 那我就恭敬不如从命了。   그럼 사양하지 않을게.
     Nà wǒ jiù gōngjìng bùrú cóngmìng le.

연습하며 쓱쓱

■ '不然'을 사용하여 다음 상황을 표현해 보세요.

①    ②    ③

■ 회사 창립식 축사 🎧118

尊敬的华韩公司的朋友们：
Zūnjìng de Huáhán gōngsī de péngyoumen:

我们来贵公司访问的时间不长，只有三天，
Wǒmen lái guì gōngsī fǎngwèn de shíjiān bùcháng, zhǐyǒu sāntiān,

但是多亏有贵公司的合作和支持，我们的收获非常大。
dànshì duō kuī yǒu guì gōngsī de hézuò hé zhīchí, wǒmen de shōuhuò fēicháng dà.

明天我们就要离开了，请允许我在这里代表我们公司
Míngtiān wǒmen jiù yào líkāi le, qǐng yǔnxǔ wǒ zài zhèli dàibiǎo wǒmen gōngsī

向贵公司表示感谢。
xiàng guì gōngsī biǎoshì gǎnxiè.

我提议：为我们的友好合作关系，干杯！
Wǒ tíyì : Wèi wǒmen de yǒuhǎo hézuò guānxi, gānbēi!

- 支持 zhīchí 지지하다   访问 fǎngwèn 방문하다   离开 líkāi 떠나다
  提议 tíyì 제의하다   干杯 gānbēi 건배하다

- 收获 shōuhuò 수확, 성과   关系 guānxi 관계

🎧119

■ 贵

'贵 + 명사'는 상대방에 대한 존칭으로 매우 정중한 표현입니다.

- 请问您贵姓?
  Qǐngwèn nín guì xìng?

  성함이 어떻게 되세요?

- 贵公司有多少职员?
  Guì gōngsī yǒu duōshao zhíyuán?

  귀사에는 몇 명의 직원이 있습니까?

■ 就要～了

'머지않아, 곧 ～하다'라는 뜻으로 '就要 + 동사 + 了' 형태로 쓰입니다.

- 会议就要结束了。
  Huìyì jiùyào jiéshù le.

  회의는 곧 끝난다.

- 火车就要开了,快上来。
  Huǒchē jiùyào kāi le. kuài shànglai.

  기차가 곧 출발해. 빨리 타.

■ 干杯

'为 + 사람(기관)/내용, 干杯!'는 건배를 제의할 때 가장 많이 쓰이는 문형입니다.

- 为我们的友谊，干杯！
  Wèi wǒmen de yǒuyì, gānbēi!
  우리의 우정을 위하여 건배!

- 为我们的合作，干杯！
  Wèi wǒmen de hézuò, gānbēi!
  우리의 협력을 위하여 건배!

- 请大家举杯。为会议的圆满成功，为朋友们的健康，干杯!
  Qǐng dàjiā jǔ bēi. Wèi huìyì de yuánmǎn chénggōng, wèi péngyoumen de jiànkāng, gānbēi!
  여러분 모두 잔을 들어 주십시오. 회의의 성공을 위하여, 친구 여러분의 건강을 위하여, 건배!

- 让我们共同干杯！
  Ràng wǒmen gòngtóng gānbēi!
  우리 함께 건배합시다!

* 友谊 yǒuyì 우정 | 举 jǔ 들다

1 听 녹음을 듣고 질문에 알맞은 답을 고르세요. 🎧120

Q: 女人收到的花儿表示什么?

A. 祝贺   B. 爱情

C. 感谢   D. 道歉

* 花儿 huār 꽃 | 同事 tóngshì 동료 | 收到 shōudào 받다

※ (2~4) 녹음을 듣고 질문에 알맞은 답을 고르세요. 🎧121

2 听 听者是什么人?

A. 讲话人的朋友   B. 讲话人的家人

C. 华韩公司的人   D. 华韩公司的朋友

3 听 他们在哪儿?

A. 宴会   B. 会议

C. 开业典礼   D. 开学典礼

4 听 大家要做什么?

A. 一起回家   B. 一起唱歌

C. 一起开会   D. 一起吃饭

5 读 보기에서 빈칸에 들어갈 알맞은 단어를 찾아 문장을 완성해 보세요.

보기   收获   访问   支持   贵国

① 学习汉语以后，你有什么_____?

② 你_____过哪些国家、城市或地区?

③ 你的家人_____你到国外工作或学习吗?

④ 这是我第一次访问_____。

尊敬的女士们、先生们：

在我们迎接新的一年之际，我们以最真诚的感谢和祝福在这里举办迎新春客户酒会。首先我代表华韩公司向支持我们的客户和朋友们表示谢意，并祝您们在新的一年里身体健康、工作顺利、生意兴隆、万事如意！

在新的一年里我们将继续努力，不断取得新的成绩，我相信经过我们相互支持、友好合作，一定能实现我们的目标。

最后，为大家的身体健康请大家举杯，干杯！

* 迎接 yíngjiē 맞이하다 | 以 yǐ ~으로써 | 真诚 zhēnchéng 진실하다 | 酒会 jiǔhuì 파티 | 谢意 xièyì 감사의 뜻 | 继续 jìxù 계속 | 相信 xiāngxìn 믿다 | 经过 jīngguò ~을 통해서 | 相互 xiānghù 서로 | 实现 shíxiàn 실현하다 | 目标 mùbiāo 목표

6 读 讲话的是什么人？

A. 华韩公司的客户　　　　B. 华韩公司的代表

C. 华韩公司的朋友　　　　D. 华韩公司的合作人

7 读 最后为了什么干杯？

A. 身体健康　　　　　　　B. 工作顺利

C. 生意兴隆　　　　　　　D. 万事如意

8 说 다음 문장을 자유롭게 완성해 보세요.

① 以后你应该努力工作，不然 ＿＿＿＿＿＿＿＿＿ 。

② 我不去。那家餐厅很远，再说 ＿＿＿＿＿＿＿＿＿ 。

③ ＿＿＿＿＿＿＿ 就要 ＿＿＿＿＿＿＿ ，今天不能喝酒。

＿＿＿＿＿的大明公司：

请＿＿＿＿＿我代表公司总经理张华先生＿＿＿＿＿

贵公司＿＿＿＿＿。多亏＿＿＿＿＿＿＿＿＿，

我们才＿＿＿＿＿＿＿。希望＿＿＿＿＿＿＿＿，

祝＿＿＿＿＿＿＿＿＿！

李 明
2008年 6月 2日

선물

중국인들은 선물을 줄 때에도 보통 겸손의 태도를 보이며, "**小意思**(Xiǎo yìsi 작은 성의입니다)", "**薄礼**(Báo lǐ 변변찮은 선물입니다)" 등의 말과 함께 선물을 건넵니다.

다음은 중국인들이 자주 활용하는 선물의 종류입니다.

작은 장식품	중국 전통 매듭, 대련(对联), 부채, 목조품 등
비교적 값이 나가는 선물	중국 도자, 담배, 술, 건강식품, 옥 제품, 비단 제품, 치파오 등
중국문화를 대표하는 선물	중국 그림, 시집, 전지 공예 등

부록편

듣기 대본 및 정답

제1과 **서류는 어디에 있나요?**

p. 026

① 大，小
② 多，少
③ 长，短
④ 高，矮
⑤ 瘦，胖
⑥ 直发，卷发
⑦ 有胡子，没有胡子
⑧ 长，圆

p. 027

2 ① 他又高又胖。
② 她的头发又长又直。
③ 他的脸长长的。

p. 028

① 桌子在办公室里。
② 椅子在桌子的前边。
③ 传真机在复印机的右边。
④ 桌子上有很多文具。
⑤ 文件柜里有文件。
⑥ 电脑旁边有一台打印机。

p. 033

1 C

> A 书架在哪儿?
> B 书架在文件柜的左边。

> A 책꽂이는 어디에 있습니까?
> B 책꽂이는 서류함의 왼쪽에 있습니다.

2 C

> 办公室里有桌子，椅子和书架。桌子上放着电脑，椅子在书架的旁边，书架上没有书，打印机在桌子下边。
>
> 사무실 안에는 책상, 의자 그리고 책꽂이가 있습니다. 책상 위에는 컴퓨터가 놓여 있고, 의자는 책꽂이 옆에 있으며, 책꽂이에는 책이 없고, 프린터기는 책상 아래에 있습니다.

3 C

> A 小赵长什么样子?
> B 小赵很瘦，头发不多，个子不高，大眼睛，小鼻子。
>
> A 샤오자오는 어떻게 생겼습니까?
> B 샤오자오는 말랐고, 머리숱은 많지 않아요, 키는 크지 않고, 큰 눈에 작은 코를 갖고 있어요.

4 C

> A 张总的夫人长什么样子?
> B 张总的夫人瓜子脸，长发，大眼睛，是位美人。
>
> A 장 사장님의 부인은 어떻게 생겼습니까?
> B 장 사장님의 부인은 계란형 얼굴에, 긴 머리, 큰 눈을 가진 미인이에요.

5 B

6 D

> 새로 온 샤오리는 스물여덟 살이며, 젊습니다. 키는 크고 말랐고, 계란형 얼굴에 눈은 크고, 머리카락은 검고 긴데다가 앵두 같이 작고 붉은 입술을 가졌습니다. 정말 예쁩니다.

7 ① A : 办公室里没有文件柜。
       B : 办公室里有一个文件柜。

   ② A : 桌子左边有一台复印机。
      B : 桌子左边有一台传真机。

   ③ A : 椅子在桌子的前边。
      B : 椅子在空调的前边。

   ④ A : 书架在空调的右边。
      B : 书架在空调的左边。

제2과 이것은 무슨 재료로 만든 건가요?

---

p. 038

① 电视
② 空调
③ 笔记本电脑，鼠标
④ 光盘，U盘
⑤ 摄像机，数码相机
⑥ 手机，MP3

p. 039

2 ① 这个名片是刘总的。
       ② 这个瓶子是玻璃的。
       ③ 这顶帽子是黄色的。

p. 040

① Q : 什么形状?
   A : 长方形。

② Q : 有多大?
   A : 有26厘米长，20厘米宽，3厘米高。

③ Q : 什么颜色?
   A : 黑色。

④ Q : 什么材料的?
   A : 塑料的。

⑤ Q : 什么牌子?
   A : 是三星的。

⑥ Q : 这是什么?
   A : 这是笔记本电脑。

p. 041

2 ① 这台笔记本电脑有一公斤重。
       ② 这张桌子有八十厘米宽。
       ③ 这台空调有一米八高。

p. 044

1 B

> 长方形，很薄，塑料的，长8厘米，宽5厘米，有多种颜色，可以用它打电话。
>
> 직사각형, 매우 얇고, 플라스틱 제품입니다. 길이는 8센티미터, 넓이는 5센티미터, 다양한 색상이 있고, 이것을 사용해서 전화를 걸 수 있습니다.

2 C

> 圆的，很薄，可以放在电脑里，听音乐。
>
> 원형이며, 얇고, 컴퓨터 안에 넣어서 음악을 들을 수 있습니다.

3 B

> A   什么形状?
> B   圆形。
> A   有多大?
> B   有5厘米长，1厘米高。
> A   什么颜色?
> B   粉红色。
> A   什么材料的?
> B   塑料。
> A   这是什么?

A 무슨 모양입니까?
B 원형입니다.
A 얼마나 큽니까?
B 길이는 5센티미터, 두께는 1센티미터입니다.
A 무슨 색입니까?
B 분홍색입니다.
A 무슨 재료로 만든 것입니까?
B 플라스틱입니다.
A 이것은 무엇입니까?

4 D

5 C

삼성 신형 핸드폰

i908L 휴대전화

· 메모리 용량 : 2G
· 500만 화소 디지털 카메라
· 음향, 영상 파일을 볼 수 있음.
· 자주색과 커피색
· Windows Mobile 6.1 Professional 운영체제

가격 3999위안

제3과 플라스틱 제품은 나무 제품보다 편하지 않아요.

p. 048

① 张明比李华重五公斤。
② 红色的照相机比黑色的贵187美元。
③ 五层的楼房比三层的高五米。
④ 这个月的销售率不比上个月的高。
⑤ 首尔的气温不比釜山高。
⑥ 小王的成绩不比小张的好。

p. 049

2 ① 裤子比T恤贵二十块。
　　裤子不比T恤便宜。

② 哥哥比弟弟矮五厘米。
　　哥哥不比弟弟高。

③ A办公室比B小。
　　A办公室不比B大。

p. 050

① Q：这两张桌子的价钱一样，586块。
　 A：你看错了，这张比那张贵1000块呢！

② Q：红色的和黑色的一样漂亮。
　 A：是吗？黑色的没有红色的漂亮。

③ Q：这个塑料的好不好？
　 A：不好，塑料的不如木头的舒服。

p. 051

2 ① 我的房间不如你的房间大。
② 那本书没有这本书贵。
③ 弟弟不如哥哥高。
④ 开车没有坐地铁快。

p. 054

1 ① A

A 今天好热呀！
B 对，今天比昨天热。

A 오늘은 정말 덥군요!
B 맞아요, 오늘이 어제보다 덥네요.

② A

A 张经理瘦还是李经理瘦？
B 张经理比李经理瘦。

A 장 사장이 말랐나요, 아니면 이 사장이 말랐나요?
B 장 사장이 이 사장보다 말랐어요.

③ B

A 咖啡贵还是绿茶贵？
B 咖啡比绿茶贵。

A 커피가 비싼가요, 아니면 녹차가 비싼가요?
B 커피가 녹차보다 비싸요.

④ C

> A 102房间大还是105房间大？
>
> B 102房间和105房间一样大。
>
> ---
>
> A 102호 방이 큰가요, 아니면 105호 방이 큰가
> 요?
>
> B 102호 방과 105호 방은 똑같아요.

⑤ A

> A 邮局近还是银行近？
>
> B 邮局比银行近。
>
> ---
>
> A 우체국이 가깝나요, 아니면 은행이 가깝나요?
>
> B 우체국이 은행보다 가까워요.

2 和，一样，便宜，没有，不如

> 　　西单和王府井一样，都是北京有
> 名的购物中心。王府井比西单大一
> 些，不过西单的东西比王府井的便
> 宜；西单没有王府井的名牌多，但王
> 府井的商品品种不如西单多。
>
> ---
>
> 시단과 왕푸징은 똑같이 모두 베이징에서 유명한
> 쇼핑중심가입니다. 왕푸징은 시단보다 조금 크지만,
> 시단의 물건이 왕푸징의 물건보다 쌉니다. 시단은 왕
> 푸징 만큼 유명 상표가 많지 않지만, 왕푸징의 상품
> 종류는 시단보다 많지 않습니다.

3 ① ○
　② ×
　③ ×

> 　　샤오리와 샤오리우의 생일은 같습니다. 모두 1978
> 년 3월 10일입니다. 샤오리는 샤오리우보다 크지 않고,
> 샤오리우는 샤오리보다 무겁지 않습니다. 샤오리와 샤
> 오리우의 직업은 같지 않습니다. 샤오리는 선생님이고,
> 샤오리우는 변호사입니다. 그러나 그들의 취미는 같고,
> 모두 영화 보는 것을 좋아합니다.

4 ① C
　② B

> 토끼 : 나는 너보다 빨리 달려.
> 거북이 : 나는 너보다 느리지만, 너보다 내가 인내
> 　　　　심이 많아.

> 그들은 달리기 시합을 하기로 했습니다.
> 결국, 거북이가 이겼고, 토끼는 졌습니다.
>
> 토끼 : 나는 너보다 빨리 달리는데, 왜 졌지?
>
> 거북이 : 속도는 인내심보다 중요하지 않아.

6 ① 男人和女人一样，都在吃汉堡包。

　② 小李和小王不一样。小李比小王 大
　三岁。

　③ 大瓶啤酒和小瓶啤酒不一样。大瓶
　的比小瓶的 贵五毛。

제4과　그 다음에는요?

p. 058

① 后来她步步高升。
② 然后在公司她很努力工作。
③ 高中毕业以后，她考上了名牌大学。
④ 然后她大学毕业了。
⑤ 最后她总算成了公司的经理。
⑥ 大学毕业以后，她找到了好工作。

p. 059

1　③ → ④ → ⑥ → ② → ① → ⑤

2　① 你总算来了！
　② 总算要回家了！
　③ 现在总算好了！

p. 060

① Q：怎么了？
　A：我的车坏了。

② Q：什么时候坏的？
　A：上班的时候，在路上坏了。

③ Q：后来呢？
　A：我坐公共汽车上班，迟到了。

p. 061

2 ① 在家的时候，我看电视。
　 ② 出门的时候，下雨了。
　 ③ 上班的时候，我穿西服。

p. 064

1 　D － C － A － B

> 今天我太累了。早上先开会，开完会以后，经理让我去大华公司谈生意。一回到公司，就忙着准备后天开会需要的资料。到晚上8点才吃晚饭，回到家已经10点半了。

> 난 오늘 너무 피곤하다. 오전에 우선 회의를 했고, 회의가 끝난 후에, 사장님이 나에게 따화 회사에 가서 사업을 논의하도록 했다. 회사에 돌아가자마자, 곧 바쁘게 모레 회의에 필요한 자료를 준비했다. 저녁 8시가 되어서 겨우 저녁을 먹고, 집에 돌아가니 벌써 10시 반이었다.

2 　倒霉，只好，半天，的时候，以后，
　　发票，资料

> 今天真是倒霉的一天！早上一出门就发现汽车的车胎坏了，我只好坐公共汽车，没想到公共汽车也坏了，我只好打车，等了半天才上了一辆出租车。还好，到办公室的时候老板还没来。老板来了以后，我才发现今天开会需要的资料在那辆出租车上！幸运的是，我有出租车的发票，所以找到了资料。

> 오늘은 정말 재수 없는 하루! 오전에 문을 나서자마자 자동차의 타이어가 망가진 걸 발견했다. 나는 할 수 없이 버스를 탔는데, 버스도 고장 날 줄은 생각도 못했다. 할 수 없이 택시를 탔는데, 한참을 기다려서야 겨우 택시 한 대를 잡아탈 수 있었다. 그래도 다행히 사무실에 도착했을 때 사장님은 아직 오지 않으셨다. 사장님이 오신 후에야, 나는 오늘 회의에 필요한 자료를 그 택시에 놓고 내린 것을 알았다! 다행인 것은, 택시 영수증을 갖고 있어서, 자료를 찾을 수 있었다.

3 ① 然后
　 ② 以后，后来
　 ③ 后来

4 ① Q：怎么了？
　　 A：别提了，早上堵车了。
　　 Q：堵车的时候，他怎么办？
　　 A：他给公司打了电话。
　 ② Q：她怎么了？
　　 A：别提了，她丢了钥匙。
　　 Q：丢钥匙的时候，怎么办？
　　 A：她换锁了。
　 ③ Q：他怎么了？
　　 A：别提了，他病了。
　　 Q：病的时候，怎么办？
　　 A：他去医院。

5 ① 她早上十点才起床。
　 ② 他晚上九点才吃晚饭。
　 ③ 开一个小时的车才到家。
　 ④ 这部电影晚上十一点才结束。

제5과　제가 휴가를 신청할 수 있나요?

p. 068

① 请假单
② 请假
③ 准假
④ 打算休假
⑤ 计划申请休假
⑥ 安排休假日程
⑦ 考虑
⑧ 批准
⑨ 答应

p. 069

① 计划
② 批
③ 安排

④ 打算

p. 070

① 把行李收拾完了。
② 把请假单准备好了。
③ 把啤酒喝完了。
④ 明天会下雨。
⑤ 他会迟到。
⑥ 我可能会休假。
⑦ 工作还是恋爱?
⑧ 答应还是不答应?
⑨ 坐地铁去还是开车去?

p. 071

① 经理把笔记本放好了。
② 小张把西服穿上了。
③ 我把饺子吃完了。

p. 075

1   A

赵大军	张经理,这是我的请假单,请您批准。
张经理	你妻子病了啊,赶快回家好好照顾她吧。
자오따쥔	장 사장님. 이것은 제 휴가 신청서입니다. 재가해주십시오.
장 사장	부인이 병이 났군요. 어서 집에 가서 부인을 잘 돌보도록 해요.

2   C

王志华	我想请几天假,你看李经理会同意吗?
赵大军	可能不行吧,因为我们公司最近太忙了。
왕즈화	저 며칠 휴가를 내고 싶은데, 당신 생각에 이 사장이 동의해 줄 것 같아요?
자오따쥔	아마 허락하지 않을 것 같은데요. 우리 회사가 요즘 많이 바쁘잖아요.

3   D

4   C

男	你怎么哭了?
女	我弟弟给我打电话,说我爸爸病了。
男	那你应该回老家看看啊!
女	我跟张经理请假,可是他没准假。
男	为什么?
女	他说现在太忙了,让我过几天再回去。
男	你去跟刘经理说说,我想他会答应的。
女	是吗? 谢谢你。
남	왜 울어요?
여	남동생한테 전화 왔는데, 아버지가 병이 나셨대요.
남	그렇다면 당연히 고향에 가서 돌봐드려야죠!
여	장 사장님께 휴가를 신청했는데, 허가해 주지 않으셨어요.
남	왜요?
여	지금은 너무 바쁘니까, 며칠 지나고 나서 가라고 하더라고요.
남	리우 사장님께 가서 말해 봐요. 내 생각에 그는 허락해 줄 것 같아요.
여	그래요? 고마워요.

5   B

6   D

7   C

지금은 휴가 신청이 아마 불가능할 것 같습니다. 오늘 우리 회사에 중요한 활동이 있어서, 모두 바쁩니다. 새해가 곧 다가오는데, 매년 이맘때면 평소보다 좀 더 바쁩니다. 며칠 지나면 아마 모두 매일 연장근무를 해야 할 것 같습니다. 이틀 전에는 왕즈화가 휴가를 신청했는데 승인받지 못했습니다.

8   ① 我和妻子说好了一起去看电影
     ② 我和家人说好要去上海玩儿。
     ③ 我和男朋友说好明年结婚。

9   ① 工作还是学习?
     ② 去北京还是去上海?
     ③ 是张经理的手机还是李经理的手机?

p. 080

① 对不起，我来晚了。
② 对不起，我弄坏了复印机。
③ 不好意思。
④ 真不好意思。
⑤ 实在抱歉。
⑥ 请原谅我这一次吧。

p. 081

2　A

> A　啊！　　　　　　　아.
> B　真是对不起。　　　정말 죄송합니다.

p. 082

① A　对不起！
　 B　<u>没关系</u>。

② A　实在抱歉。
　 B　<u>这怎么行</u>？

③ A　不好意思。
　 B　<u>这不是你的错</u>。

p. 083

2　① 没关系。
　　② 这怎么行?

p. 087

1　C

> A　小赵，小赵！
> B　啊，啊，怎么了？
> A　现在是上班时间，你怎么睡觉了？
> B　真对不起，为了准备资料，昨天开夜车了，所以……
> A　如果老板看见，你就倒霉了！
> ────────────────
> A　샤오자오, 샤오자오!

> B　아, 아, 왜 그러세요?
> A　지금 출근할 시간인데, 너 왜 자고 있어?
> B　정말 죄송해요. 자료를 준비하느라고 어제 밤을 샜더니. 그만……
> A　만약 사장이 보면, 너 정말 재수 없는 거야!

2　B

3　D

> A　啊，经理，早上好！
> B　你又迟到了！
> A　对不起，今天早上堵车了！
> B　怎么老堵车啊？
> A　这次是真的。
> B　是吗？你老有借口啊，不是闹钟停了，就是堵车了。
> A　经理，下次再也不敢了！您再原谅我一次吧！
> B　我再给你一次机会。
> A　谢谢！谢谢！
> ────────────────
> A　아, 사장님, 안녕하세요!
> B　또 지각했군요!
> A　죄송합니다. 오늘 아침에 차가 밀렸습니다!
> B　어떻게 항상 차가 밀립니까?
> A　이번엔 정말입니다.
> B　그래요? 당신은 항상 변명을 하는군요. 알람시계가 멈추지 않으면, 차가 밀렸다고 하니.
> A　사장님, 다음에는 다시는 그러지 않겠습니다! 다시 한 번만 용서해 주세요!
> B　당신에게 다시 한 번 기회를 주겠어요.
> A　감사합니다! 감사합니다!

4　① 经理准我假了。
　　② 开会以前，大家聊了一会儿天。
　　③ 我打算请一个星期的假。
　　④ 我昨天和他见面了。

5　C

6　D

> 　나는 오늘 저녁 왕팡과 7시에 만나서, 밥 먹고, 영화를 보기로 약속했다. 그러나 우리 회사에 갑자기 일이 생기는 바람에 회의를 하게 되었고, 15분 늦게 도착해 왕팡이 화가나 버렸다. 사과를 하려고, 그녀에게 밥

8　① 我不是九月去，就是十月去。
　　② 我想不是读研究生，就是去公司工作。
　　③ 他不是在图书馆，就是在家。
　　④ 我不是去海边，就是去爬山。

제7과　당신이 보기에 이 귀걸이 어때요?

p. 092

① 我觉得这条珍珠项链不错。
② 我觉得这件衣服很好。
③ 我觉得这条围巾不太好。
④ 总的来说很好，只是他的个子有点儿矮。
⑤ 总的来说好吃，只是有点儿辣。
⑥ 总的来说不错，只是有点儿贵。
⑦ 最好买木头的。
⑧ 最好系蓝色的领带。
⑨ 最好在家休息。

p. 093

2　① 都已经10点了，我们最好回家。
　　② 最好早上起床后喝水。
　　③ 明天下雨，你最好穿别的。

p. 094

①　A　你看这件衣服怎么样？
　　B　我看黑色比白色还好。
②　A　我不知道去哪儿度假好。
　　B　最好去中国旅行。
③　A　你直说吧。
　　B　他总的来说不错，只是个子有点儿矮。

p. 095

2　①　A　您看我明天给您打电话怎么样？
　　　B　好。
　　②　A　您看我的计划怎么样？

　　　B　我觉得不太好。
③　A　您看王华工作怎么样？
　　B　总的来说不错。

p. 099

1　B

男　你看我穿这件衣服帅不帅？
女　总的来说不错，只是黄色的领带和
　　西服有点儿不配。
男　是吗？那你说什么颜色好？
女　我看看，啊，如果换这条蓝色的领
　　带是不是更好？

남　당신이 보기에 내가 입은 이 옷 멋있나요?
여　전체적으로 말하면 괜찮기는 한데, 노란색 넥타이
　　랑 양복이 조금 어울리지 않아요.
남　그래요? 그럼 무슨 색이 좋을지 말해 주실래요?
여　제가 보기엔, 아, 만약 이 파란색 넥타이로 바꾸면
　　더 좋지 않을까요?

2　A

3　D

4　B

李明　张华，请假单我准备完了，你帮
　　　我看看，提提意见。
张华　好，我看一下。
李明　怎么样？有没有需要修改的地
　　　方？
张华　总的来说不错，只是有些小地方
　　　需要修改一下。
李明　直说吧。
张华　我觉得这里最好再加上"休假的
　　　理由"。
李明　我怎么没想到呢！
　　　太谢谢你了！

리밍　짱화, 나 휴가 신청서 준비 다 했는데, 네가 좀
　　　보고 의견을 줄래.
짱화　좋아, 내가 한번 볼게.
리밍　어때? 고쳐야 할 부분 없니?
짱화　대체적으로 괜찮은데, 다만 몇 군데 고쳐야 할

리밍 것 같아.

리밍 솔직히 말해 봐.

짱화 내 생각에 여기 "휴가의 이유"를 추가하면 좋
      을 것 같아.

리밍 난 왜 생각하지 못했을까!
      정말 고마워!

5 A

6 B

7 D

모집 공고

ㅁ 조건 : 1. 남자, 35세 이하, 학부 졸업, 경력자.
             2. 중국어 능통.
             3. 신체 건강, 잦은 출장 요구 됨.
ㅁ 본 회사 모집 인원 약간 명.

연락 담당자 : 왕 선생
따훙 무역 회사 인사부
2009년 08월 01일

8 ① 女   我做的菜好不好吃?
         男   你最好再放点儿盐。

      ② 孩子 你看, 我的画怎么样?
         妈妈 我觉得真不错。

      ③ 职员 今天吃炸酱面好不好?
         老板 如果吃面条是不是更好?

9 ① 总的来说很好, 只是有点儿吵。
      ② 总的来说不错, 只是发音有点儿不好。
      ③ 总的来说好吃, 只是有点儿辣。

제8과 초대해 주셔서 감사합니다

p. 104

① 我想请你来我家吃饭。
② 这次会议我请了二十个人。
③ 你能不能参加我的生日晚会?
④ 您能不能参加我的婚礼?
⑤ 有没有兴趣参加毕业典礼?
⑥ 有没有兴趣参加开业典礼?

p. 105

2 ① 我想请你参加我妹妹的婚礼。
      ② 你能不能参加首尔国际会议?
      ③ 有没有兴趣参加上海世界博览会?

p. 106

① A 请你来我家。
   B 谢谢你的邀请。

② A 你能不能参加我的婚礼?
   B 真遗憾, 我不能参加。

③ A 您有没有兴趣参加明天的宴会?
   B 太不巧了, 明天我有事儿。

p. 107

2 ① 正巧, 在商店见了公司的同事。
      ② 很不巧, 出去的时候, 下雨了。
      ③ 真巧, 我们两个人的生日一样。

p. 111

1 C

女 周末你有时间吗?
男 有事吗?
女 我请了几个朋友到家里来吃饭,
    如果你有时间的话, 也来吧!
....
여 주말에 너 시간 있니?
남 무슨 일 있어?
여 내가 친구 몇 명을 우리 집에 식사대접하려고 초
    대했는데, 만약 시간 있으면, 너도 와!

2 ① 添
      ② 参加
      ③ 人气
      ④ 遗憾
      ⑤ 地址

3 B

4 C

5 D

6　① 哪儿啊, 他是我哥哥。
　　② 哪儿啊, 我们一起努力吧。
　　③ 看你说的, 他是去旅行的。
　　④ 看你说的, 你的汉语不错。

제9과　개업대길!

p. 116

① 祝你一路平安。
② 祝你身体健康。
③ 祝你工作圆满成功。
④ 祝你生日快乐。
⑤ 祝贺你找到好工作。
⑥ 祝贺您提升为主任。

p. 117

2　① 祝贺你出院。
　　② 祝你一路平安。
　　③ 祝你生日快乐。

p. 119

2　① 妈妈让孩子喝水。
　　② 张华让李明明天加班。
　　③ 我让大家来我家玩儿。

p. 122

1　① ✕

小王连一句汉语也不会说。

샤오왕은 중국어 한 마디도 할 줄 모른다.

　② ✕

赵经理让老李告诉小张去一下办公室。

자오 사장은 라오리를 시켜 샤오짱에게 사무실에 좀 가보라고 알리게 했다.

　③ ✕

祝贺你的儿子大学毕业, 又找到了好工作!

아드님이 대학을 졸업하고, 좋은 직장을 구한 것을 축하드립니다.

2　A

3　B

개업 축사

존경하는 여러 지도자, 내빈 여러분:
오늘은 따훙 회사의 매우 기쁜 날입니다. 이 개업식에 제가 팡쩡 회사를 대표하여 따훙 회사의 개업을 뜨겁게 축하 하는 것을 허락해 주십시오! 따훙 회사가 앞으로 나날이 번창하고 재물이 많이 들어오기를 희망합니다.
감사합니다!

4　① 开业大吉
　　② 您言重了
　　③ 请多包涵
　　④ 请允许我做代表 / 表示热烈祝贺 /
　　　生意兴隆

5　① 他连一毛钱也没有。
　　② 我很不舒服, 连饭也不能吃。
　　③ 这个问题连孩子也可以回答。

p. 126

① 我不喜欢抽烟。
② 我最不喜欢运动。
③ 真讨厌，我最烦开夜车。
④ 你的桌子脏透了。
⑤ 无聊透了。
⑥ 她跟我分手，伤透了我的心。

p. 127

2　① 我不喜欢看书。
　　② 我最讨厌辣的菜。
　　③ 麻烦透了。

p. 128

① A　真讨厌，我最烦下雨了！
　 B　对对。我也不喜欢下雨。

② A　无聊透了！
　 B　别着急，要有耐心。

③ A　这不是我想要的生活。
　 B　只要你努力，早晚会实现你的理想。

p. 129

2　① 只要工作不忙，我就请假去旅行。
　　② 只要这件衣服不贵，我就买。

p. 133

1　① 饭馆的菜

> 这儿的饭菜糟糕透了，我再也不会来了。
>
> 이곳 음식은 정말 형편없다. 난 다시는 오지 않을 것이다.

② 他爱人

> 我最讨厌我爱人吃饭的时候看电视了。
>
> 내가 제일 싫어하는 것은 내 아내가 식사하는 동안 텔레비전을 보는 것이다.

③ 放假的时候

> 放假的时候，到处都是人，我只想在家里休息。
>
> 휴일에는, 어디든 온통 사람뿐이라서, 나는 그냥 집에서 쉬고 싶다.

2　① 可笑

> 这个故事太可笑了！
>
> 이 이야기는 매우 재미있다!

② 可爱

> 我觉得小狗很可爱。
>
> 나는 강아지가 매우 귀엽게 느껴진다.

③ 可怜

> 没有父母的孩子很可怜。
>
> 부모가 없는 아이는 매우 가엾다.

④ 可惜

> 我新买的手机丢了，真可惜！
>
> 나는 새로 산 핸드폰을 잃어버렸는데, 정말 아깝다!

3　D

4　B

5　C

> 나는 2004년부터 일하기 시작했고 현재까지 5년이 되었다. 원래는 이 일이 내게 잘 맞는다고 생각했는데, 작년부터 일이 아주 불만족스럽고, 하기 싫어졌다. 사

장은 매일 나에게 많은 일을 주고, 종종 내가 다 한 일을 잃어버린다. 그리고는 나에게 다시 하라고 시킨다. 나는 매일 내 일을 하는 것만으로도 충분히 짜증 나는데, 내게 자주 사무실 청소도 하게 한다.

6　① 黑乎乎
　　② 热乎乎
　　③ 胖乎乎
　　④ 乱乎乎
　　⑤ 气乎乎

7　① 在中国到处都可以看到骑自行车的人。
　　② 这条路到处都是商店。
　　③ 桌子上，床上，地上到处都是书。
　　④ 圣诞节前，到处都是买礼物的人。

9　① 才六点，她就起床。
　　② 才十分种，她就看完了。
　　③ 才三十五岁，她就成了总经理。
　　④ 在北京才一个月，她就想家了。

제11과　과찬이십니다!

p. 138

① 网球高手
② 电脑高手
③ 销售高手
④ 最让我佩服的是这手机的功能。
⑤ 最让我佩服的是他的厨艺。
⑥ 最让我佩服的是他的体力。

p.139

2　① 足球高手
　　② 英语高手
　　③ 最让我佩服的是这汽车的速度。

p. 140

①　A 你的汉语跟中国人一样好。
　　B 过奖了。

②　A 你真漂亮。
　　B 漂亮什么。

③　A 你是个钢琴高手。
　　B 说不上高手，只是一个爱好罢了。

p. 145

1　B

女	小王这个人怎么样？
男	哪个小王？
女	就是你们公司新来的那个啊！
男	哦，还不错，长得很帅，也很能干。
女	我听说他还是一个网球高手？
男	高什么啊，我们一起打过，不过会打罢了。

여	샤오왕 사람 어때요？
남	어떤 샤오왕이요？
여	당신 회사에 새로 온 바로 그 사람이요!
남	아, 그런대로 괜찮아요, 잘 생겼고, 능력도 있어요.
여	들리는 바로는 그가 또 테니스 고수라면서요?
남	고수는 무슨, 우리 같이 쳐 봤는데, 그냥 칠 줄 아는 것뿐이에요.

2　D

3　B

4　B

朋友A	今天又是赵总赢！
朋友B	是啊，赵总是高尔夫球高手，以后不敢跟您打球了。
赵总	说不上高手，只是一个爱好罢了。
朋友A	最让我佩服的是赵总的体力，总是那么好。
赵总	哈哈，现在不行了，老了！
朋友B	老什么呀，看您打球的样子，跟小伙子一样。
赵总	谢谢夸奖！

친구A	오늘 또 자오 대표님이 이겼네요!
친구B	그러게요, 자오 대표님은 골프 고수십니다. 나중에 감히 대표님과 못 치겠어요.
자오 대표	고수라고 하긴 그렇고, 그냥 취미일 뿐이에요.
친구A	제일 감탄스러운 건 자오 대표님의 체력이

에요, 항상 저렇게 좋으시니.

자오 대표　하하, 이제는 안 돼요, 늙었어요!

친구B　늙긴요 뭘. 골프 치시는 걸 보면, 젊은 사람 같은 걸요.

자오 대표　감사합니다. 과찬이세요!

5　D

6　A

7　C

> 장 대표　왕 대표님, 오늘 요리 그런대로 입맛에 맞으시나요?
>
> 왕 대표　아주 맛있습니다. 오늘 대표님께서 대접해 주시니 참으로 면목이 없네요.
>
> 장 대표　천만에요. 그냥 집에서 먹는 음식 정도인데요 뭘. 이번에 이 사업이 성사된 것도 모두 왕 대표님 덕분인데, 식사 대접하는 것은 당연한 일이죠.
>
> 왕 대표　전 다만 절차에 따라서 일을 했을 뿐인데요. 도왔다고 할 수도 없죠.
>
> 장 대표　왕 대표님. 너무 겸손하시네요. 대표님의 동의가 아니었다면, 계약이 어떻게 체결되었겠습니까.

8　① 说不上和中国人一样，只是会模仿罢了。

②说不上聪明，只是努力罢了。

③说不上信任我，只是我努力工作罢了。

9　①贵什么。

②有意思什么。

③好吃什么。

④帅什么。

제12과　여러분의 도움 덕분입니다.

p. 150

①　A 非常感谢你。

B 别客气了。

②　A 祝贺您提升为经理。

B 多亏有您的热心帮助。

③　A 多亏有您的合作。

B 那是我应该做的。

p. 151

2　①多亏有人帮忙，我的车才修好了。

②多亏了司机，我才没丢我的文件。

③多亏了服务员，我才能看懂了中文菜单。

p. 153

2　①快点儿起床，不然你会迟到。

②你得运动，不然会变胖。

③你好好儿休息，不然感冒不会好。

p. 156

1　C

> 男　这花儿真漂亮，一定是男朋友送的吧?
>
> 女　哪儿啊，是一个同事送的。
>
> 男　今天又不是什么节日，为什么送你花儿啊?
>
> 女　是这样的，一个日本人在我们公司工作了半年，回国之前送给每个人一些花儿表示感谢。
>
> 男　哦，是这样啊!
>
> ----------
>
> 남　이 꽃 정말 예쁘다. 분명 남자 친구가 선물해 준 거지?
>
> 여　무슨. 회사 동료가 선물해 준 거야.
>
> 남　오늘 무슨 기념일도 아니고, 왜 너한테 꽃을 선물 했대?
>
> 여　실은 한 일본인이 우리 회사에서 반년 동안 일했는데, 귀국하기 전에 감사하다는 표시로 매 직원에게 꽃을 선물했어.
>
> 남　오, 그런 거구나!

2　C

3　A

4　D

尊敬的华韩公司朋友们：

　　我们来贵公司访问的时间不长，只有两天，但是多亏有贵公司的合作，我们的收获非常大。明天我们就要离开了，请允许我在这里代表我们公司向贵公司表示感谢。我提议：为我们的友好合作关系，干杯！

존경하는 화한 회사의 친구 여러분:

저희가 귀사를 방문한 시간은 길지 않은 2일에 불과하지만, 귀사의 협력 덕분에 저희는 매우 큰 성과를 얻을 수 있었습니다. 내일 저희는 떠날 예정입니다. 제가 여기에서 우리 회사를 대표하여 귀사에 감사를 표할 수 있도록 허락해 주십시오.

제의합니다. 우리의 우호협력관계를 위하여 '건배'!

5　① 收获
　　② 访问
　　③ 支持
　　④ 贵国

6　B

7　A

존경하는 신사, 숙녀 여러분:

우리가 새로운 한 해를 맞이하는 때에, 매우 진실한 감사와 축복으로 이곳에서 새해맞이 연회를 열게 되었습니다. 우선 제가 화한 회사를 대표하여 저희를 지지해주시는 거래처 여러분과 친구 여러분에게 감사를 표하려고 합니다. 또한 여러분이 새해에는 건강하시고, 하는 일 모두 순조롭고, 사업 번창하시고, 모든 일이 원하시는 대로 이뤄지시기를 기원합니다! 새해 1년 동안 저희는 계속 노력하고, 지속적으로 새로운 성과를 얻을 것입니다. 저는 우리의 상호지지와, 우호협력을 통해 반드시 우리의 목표를 실현할 수 있을 것으로 믿습니다.

마지막으로, 여러분의 건강을 위해 모두 잔을 들어주십시오, 건배!

8　① 以后你应该努力工作，不然<u>不能买房子</u>。

　　② 我不去。那家餐厅很远，再说<u>菜也不好吃</u>。

　　③ <u>我明天就要考试了</u>，今天不能喝酒。

본문 해석

step1 认一认

① 크다, 작다
② 많다, 적다
③ 길다, 짧다
④ 키가 크다(높다), 키가 작다(낮다)
⑤ 마르다, 뚱뚱하다
⑥ 생머리, 곱슬머리
⑦ 수염이 있다, 수염이 없다
⑧ 길다, 동그랗다

step2 说一说

① 책상이 사무실 안에 있다.
② 의자가 책상 앞에 있다.
③ 팩스가 복사기의 오른쪽에 있다.
④ 책상 위에는 많은 문구가 있다.
⑤ 서류함에는 서류가 있다.
⑥ 컴퓨터 옆에는 프린터가 한 대 있다.

step3 练一练

1　리우 사장　장 비서, 내 서류 봤어요?
　　장 비서　사장님 책상 위에 서류 하나가 놓여 있
　　　　　　는데요.
　　리우 사장　그건 내가 찾는 게 아니에요.
　　장 비서　사장님 사물함 안에 없어요?
　　리우사장　아! 찾았어요.

2　리리　새로 오신 우 사장님 어떻게 생겼어요?
　　비서　키가 크고 말랐어요. 네모진 얼굴에, 작
　　　　　은 눈, 머리는 짧아요.

리리　우 사장님 부인은요?
비서　들은 바로는, 우 사장님 부인도 미인이
　　　시래요. 계란형 얼굴에 피부가 하얗고,
　　　머리는 검고 생머리라고 하더라고요.

step1 认一认

① 텔레비전
② 에어컨
③ 노트북 컴퓨터, 마우스
④ CD, USB
⑤ 캠코더, 디지털카메라
⑥ 휴대전화, MP3

step2 说一说

① Q　무슨 모양입니까?
　　A　직사각형입니다.
② Q　얼마나 큽니까?
　　A　길이는 26센티미터, 넓이는 20센티미터, 높이
　　　　는 3센티미터입니다.
③ Q　무슨 색입니까?
　　A　검은색입니다.
④ Q　무슨 재료로 만든 것입니까?
　　A　플라스틱입니다.
⑤ Q　어느 브랜드 제품입니까?
　　A　삼성 제품입니다.
⑥ Q　이것은 무엇입니까?
　　A　이것은 노트북입니다.

판매원	아가씨, 안녕하세요! 무엇을 도와 드릴까요?
왕팡	신형 휴대전화를 사고 싶어요.
판매원	어느 브랜드 제품을 사고 싶으세요?
왕팡	삼성요. 듣기로는 삼성에서 신형 휴대전화가 나왔다던데요.
판매원	네. 보세요, 바로 이 모델이에요.
왕팡	다른 색깔은 없나요? 전 검은색은 싫거든요.
판매원	있어요. 빨간색과 하얀색도 있습니다.
왕팡	하얀색 좀 보여주세요. 이 모델은 얼마죠?
판매원	3690위안입니다.
왕팡	그럼 이걸로 할게요.

제3과 플라스틱 제품은 나무 제품보다 편하지 않아요.

step1 认一认

① 장밍은 리화보다 5kg 무겁다.
② 빨간색 카메라가 검은색 카메라보다 187달러 비싸다.
③ 5층 건물이 3층 건물보다 5미터 높다.
④ 이번 달의 판매율은 지난달보다 높지 않다.
⑤ 서울의 기온은 부산보다 높지 않다.
⑥ 샤오왕의 성적은 샤오짱보다 좋지 않다.

step2 说一说

① Q 이 두 탁자의 가격이 같네, 586위안이야.
   A 너 잘못 봤어. 이 탁자가 저 탁자보다 1000위안 비싸잖아!
② Q 빨간색과 검은색이 똑같이 예쁘네.
   A 그래? 검은색은 빨간색만큼 예쁘지 않은데.
③ Q 이 플라스틱 제품은 좋아요, 안 좋아요?
   A 안 좋아요, 플라스틱 제품은 나무 제품보다 편하지 않아요.

step3 练一练

　　샤오리우과 샤오리의 태어난 연월은 모두 1976년 9월로 같다. 하지만 샤오리우가 샤오리보다 하루 일찍 태어났다. 샤오리우는 샤오리만큼 잘생기지 않았고, 샤오리는 샤오리우만큼 똑똑하지 않지만, 그들 모두 예쁜 여자 친구가 있다. 샤오리우와 샤오리의 직업은 다르다. 샤오리우는 의사이고 샤오리는 회사직원이다. 하지만, 그들의 취미는 같고, 모두 테니스 치는 것을 좋아한다.

제4과 그 다음에는요?

step1 认一认

① 나중에 그녀는 차츰차츰 승진했다.
② 그런 후에 그녀는 회사에서 성실하게 일했다.
③ 고등학교 졸업 후에, 그녀는 명문 대학에 입학했다.
④ 그 후에 그녀는 대학을 졸업했다.
⑤ 결국에 그녀는 회사의 사장이 되었다.
⑥ 대학 졸업 후에, 그녀는 좋은 직장을 찾았다.

step2 说一说

① A 왜 그래?
   B 내 차가 고장 났어.
② A 언제 고장 났어?
   B 출근할 때, 길에서 고장 났어.
③ A 그 다음에는?
   B 버스 타고 출근했고, 지각했지.

step3 练一练

직원 A	오늘 정말 재수가 없어!
직원 B	왜 그래?
직원 A	말도 마. 내 차 타이어가 망가져서, 어쩔 수 없이 버스를 탔어. 그런데 생각지도 못하게 버스도 가는 도중에 고장이 나버렸어.
직원 B	그래서 어떻게 했어?
직원 A	하는 수 없이 택시를 탔지, 한참을 기다려서야 겨우 탔어. 사무실에 왔을 때, 사장님은 아직 안 오셨더라고.
직원 B	그래도 다행이네!
직원 A	일이 아직 안 끝났어. 사장님 오신 후에, 회의를 하기로 했거든.
직원 B	또 무슨 일이야?
직원 A	회의할 때 필요한 자료를 택시에 놓고 내린 거야!
직원 B	뭐? 그 다음에는?
직원 A	내가 택시 영수증을 갖고 있어서, 결국에는 자료를 찾긴 찾았어.
직원 B	너무 잘 됐네!

step1 认一认

① 휴가 신청서
② 휴가를 신청하다
③ 휴가를 허락하다
④ 휴가를 계획하다
⑤ 휴가 신청을 계획하다
⑥ 휴가 일정을 세우다
⑦ 고려하다
⑧ 허가하다
⑨ 허락하다

step2 说一说

① 여행 짐을 다 쌌다.
② 휴가 신청서를 준비했다.
③ 맥주를 다 마셨다.
④ 내일 비가 내릴 것이다.
⑤ 그는 지각할 것이다.
⑥ 나는 아마도 휴가를 신청할 것이다.
⑦ 일이냐, 아니면 연애냐?
⑧ 허락하느냐, 아니면 허락하지 않느냐?
⑨ 지하철을 타고 갈까, 아니면 차를 몰고 갈까?

step3 练一练

1 직원 장 사장님, 의논드릴 일이 있습니다.
장 사장 무슨 일인지 말해보게.
직원 사실은, 저희 아버님께서 편찮으십니다. 휴가 내고 고향에 가서 좀 뵐 수 있을까요?
장 사장 그런가? 그럼 당연히 가야지. 문제 없네.
직원 정말 감사드립니다! 걱정 마세요. 휴가 전에 제가 맡은 일은 다 정리해 놓겠습니다.
장 사장 휴가 신청서를 작성하면 내가 바로 서명해서 허락해 주겠네.
직원 예, 바로 가서 준비하겠습니다.

2 리우밍 장 사장님, 지금 괜찮으신가요? 제가 드릴 말씀이 있습니다.
장 사장 무슨 일이지?
리우밍 이번 주말에 연장근무를 못 할 것 같습니다.
장 사장 무슨 이유 때문인가?

리우밍 친한 친구가 이번 주말에 결혼하는데, 이미 결혼식에 참석하겠다고 했습니다.
장 사장 만약 내가 승낙을 하면, 다른 사람들도 와서 휴가를 신청할 텐데, 그럼 일은 누가 하나?
리우밍 그건…….
장 사장 다시 생각해 보게. 일이 중요한지, 친구가 중요한지.

step1 认一认

① 죄송해요, 제가 좀 늦었습니다.
② 죄송해요, 제가 복사기를 망가뜨렸네요.
③ 죄송합니다.
④ 정말 미안합니다.
⑤ 정말 죄송합니다.
⑥ 저를 한 번만 용서해 주세요.

step2 说一说

① A 미안합니다!
B 괜찮습니다.
② A 정말 죄송합니다.
B 어떻게 이럴 수 있나요?
③ A 미안해.
B 네 잘못이 아니야.

step3 练一练

1 리우밍 정말 미안해. 모레 네 결혼식에 참석할 수 없게 되었어.
친구 뭐? 어떻게 그럴 수 있어!
리우밍 우리 회사가 최근에 많이 바빠서 주말에 연장근무를 해야 하거든.
친구 사장님에게 휴가신청 할 수 없어?
리우밍 해 봤지. 그런데 사장님이 동의하지 않으셨어.
친구 너희 사장님 진짜 냉혈인간이다.
리우밍 그러게, 별 수 없지. 정말 미안해!
친구 네 잘못도 아닌데 뭘. 괜찮아!
리우밍 이해해 줘서 고마워. 우리 시간 내서 함께 모이자!

2 리우밍   장……. 장 사장님, 안녕하세요!

장 사장   리우밍, 또 지각이네요!

리우밍   죄송합니다. 오늘 아침에 제 알람시계가 멈춰서요!

장 사장   당신 알람시계는 어떻게 항상 멈춥니까!

리우밍   이번엔 정말입니다.

장 사장   그래요? 늘 변명을 하는군요. 밤을 샜기 때문이라고 하지 않으면 알람시계가 멈췄다고 하니.

리우밍   사장님, 다음에는 그러지 않겠습니다! 다시 한 번만 용서해 주세요!

장 사장   기회를 한 번 더 주지요. 만약 또 지각하면 봐 주지 않겠어요.

리우밍   감사합니다! 감사합니다!

제7과   당신이 보기에 이 귀걸이 어때요?

step1 认一认

① 내가 보기에 이 진주 목걸이 괜찮은 것 같다.

② 내가 보기에 이 옷 좋은 것 같다.

③ 내가 보기에 이 스카프는 별로 좋은 것 같지 않다.

④ 전반적으로 좋긴 한데, 그의 키가 조금 작다.

⑤ 전반적으로 맛있긴 한데, 조금 맵다.

⑥ 전반적으로 괜찮긴 한데, 조금 비싸다.

⑦ 나무 제품을 사는 것이 제일 좋다.

⑧ 파란색 넥타이를 매는 것이 제일 좋다.

⑨ 집에서 쉬는 것이 제일 좋다.

step2 说一说

① A   네가 보기에 이 옷 어때?

B   내가 보기에는 검은색이 하얀색 보다 나은 것 같아.

② A   어디에 가서 휴가를 보내야 할지 모르겠어.

B   중국에 가서 여행하는 것이 제일 좋지.

③ A   솔직하게 말해 줘.

B   그 사람 전반적으로 괜찮은데, 다만 키가 조금 작아.

step3 练一练

1 판매원   손님, 어떤 물건을 구입하려고 하시는데요?

김 선생   기념품을 좀 사려고 하는데, 뭘 사야 좋을지 모르겠네요.

판매원   선생님께서 쓰실 건가요, 아니면 친구에게 선물하실 건가요?

김 선생   아내에게 줄 겁니다.

판매원   아. 이 진주 귀걸이 어떠세요?

김 선생   제 아내가 귀걸이 하는 걸 좋아하지 않아서요.

판매원   그러세요? 그럼 이 실크 스카프는요?

김 선생   오, 좋아요. 정말 예쁘네요. 중국 특색도 있고. 이걸로 할게요.

2 리리   짱화, 구인공고 다 썼는데, 좀 보고 의견을 줄래.

짱화   일을 꽤 효율적으로 하는구나! 좋아, 내가 좀 볼게.

리리   어때? 처음 쓰는 거고, 경험도 없는데.

짱화   전체적으로, 괜찮긴 한데 몇 군데 좀 고쳐야 할 것 같아.

리리   솔직하게 말해봐, 괜찮아.

짱화   네가 보기에 '중국어 능통자'라고 쓰면 더 좋을 것 같지 않아?

리리   그래 그래. 훨씬 더 정식적인 느낌이 드네.

짱화   그리고 여기 '잦은 출장 요구됨'을 추가하는 것이 좋을 것 같아.

리리   난 왜 생각 못했지? 정말 고마워.

제8과   초대해 주셔서 감사합니다.

step1 认一认

① 저희 집에 초청해서 식사를 대접하고 싶습니다.

② 이번 회의에 20명을 초청했습니다.

③ 너 내 생일 파티에 와 줄 수 있어?

④ 저의 결혼식에 참가해 주실 수 있나요?

⑤ 졸업식에 참가하는 것에 관심 있으세요?

⑥ 개업식에 참가하는 것에 관심 있으세요?

step2 说一说

① A   우리 집에 초대할게요.

B   초대해 줘서 감사합니다.

② A 내 결혼식에 와 줄 수 있니?

　　B 정말 아쉽지만, 나 참가하지 못해.

③ A 내일 연회에 참가하는 것에 관심 있으세요?

　　B 공교롭게도 저 내일 일이 있어요.

step3 练一练

1　장 사장　샤오왕, 회사 창업식 참석하는 데 관심 있나?

　　샤오왕　창업식요? 사장님 회사 말인가요?

　　장 사장　아니, 내 친구 회사야.

　　샤오왕　제가 가도 괜찮을까요? 번거롭게 만드는 건 아닐까요?

　　장 사장　그런 말이 어디 있어. 자네가 가면 분위기를 더 띄울 뿐이지.

　　샤오왕　그럼 사장님과 같이 한 번 가봐야겠네요. 언제예요?

　　장 사장　모레 아침 8시야.

　　샤오왕　이런. 모레 오전엔 중요한 회의에 참석해야 하는데.

　　장 사장　그래? 참 공교롭게 됐군!

　　샤오왕　정말 아쉽네요. 그래도 초대해줘서 고맙습니다.

　　장 사장　아니야. 다음에 또 기회가 있을 거야.

2　2008년 8월 8일 금요일 오전 10시에 화메이회사 개업식을 거행하니 왕림해 주십시오!

주소 : 베이징루 18번지

만약 참석이 불가하시면 2008년 7월 8일 전에 이 전화 87596747(짜오 씨)로 회답 부탁드립니다.

　　　　　　　　　　　　화메이회사 대표이사 올림

　　　　　　　　　　　　2008년 7월 1일

제9과 개업대길!

step1 认一认

① 가는 길 평안하세요.

② 건강하세요.

③ 하시는 일이 원만히 성공하시길 기원합니다.

④ 생일 축하해.

⑤ 좋은 직장 찾은 것 축하해.

⑥ 주임으로 승진하신 것 축하드립니다.

step2 说一说

장 사장　리우 사장님, 개업 축하드립니다!

리우 사장　장 사장님, 직접 와주셨네요. 왕 비서를 대신 보내셔도 되는데요.

장 사장　사장님 회사 개업을 어떻게 작은 일이라 할 수 있겠습니까?

리우 사장　과분하신 말씀입니다. 빨리 안으로 들어오세요.

장 사장　시장님까지 오셨군요. 리우 사장님 정말 자랑스러우시겠습니다!

리우 사장　별 말씀을요!

장 사장　저는 신경 쓰지 마시고 빨리 가서 다른 손님들과 인사하세요!

리우 사장　오늘 손님이 많아서, 만약 신경 못 써드려도 많은 양해 부탁드립니다!

장 사장　오랜 친구끼리 이렇게 격식 차리지 마세요!

step3 练一练

여러 지도자, 내빈 여러분:

안녕하십니까!

모든 내빈을 대표하여 제가 화메이회사의 창립을 뜨겁게 축하하는 것을 허락해 주십시오!

화메이회사에 재물이 많이 들어오고, 사업이 번창하시길 기원합니다!

또한 창립행사도 원만하게 성공적으로 끝나길 기원합니다!

감사합니다!

제10과 조급해 하지 말고, 인내심을 가져요!

step1 认一认

① 나는 담배 피우는 것을 싫어한다.

② 나는 운동을 가장 싫어한다.

③ 정말 짜증나. 난 밤새 일하는 것이 정말 싫어.

④ 네 책상은 정말 더럽기가 그지없구나.

⑤ 지루해 죽겠다.

⑥ 그녀와 헤어져서 마음이 너무 아프다.

① A 정말 짜증나. 나는 비 오는 게 제일 싫어!

  B 맞아. 나도 비 오는 거 싫어해.

② A 정말 따분해!

  B 조급해 하지 마. 인내심을 가져.

③ A 이건 내가 생각했던 생활이 아니야.

  B 네가 노력만 한다면 조만간 너의 이상이 실현
   될 거야.

1 리리   너 왔구나. 아이고, 우산을 안 가지고 왔
     나 보네. 옷이 다 젖었어.

  리우밍 정말 짜증나. 난 비오는 게 제일 싫어!

  리리   맞아. 모든 곳이 다 축축하고, 신발과 바
     지도 모두 더러워지잖아.

  리우밍 제일 화 나는 건 몇몇 자동차들이 지나갈
     때 전혀 속도를 줄이지 않는다는 거야.

  리리   맞아 맞아. 나도 몇 번 겪어 봤어.

  리우밍 그런 운전기사를 만나면, 정말 욕을 몇
     마디 해주고 싶어.

  리리   흥. 내가 차 살 때까지 기다려.

  리우밍 뭐?

2 리우밍 이런 형편없는 업무, 나 정말 하기 싫어!

  리리   왜 그래? 겨우 한 달 일했는데, 벌써 하
     기 싫어?

  리우밍 매일 같은 일만 하잖아. 정말 따분해!

  리리   비서가 하는 일이 이렇지 뭐!

  리우밍 이건 내가 생각하던 생활이 아니야. 나는
     변화와 도전을 원해!

  리리   조급해 하지 말고, 인내심을 가져. 노력만
     하면 너의 꿈이 이뤄질 거야.

  리우밍 정말?

제11과 과찬이십니다!

① 테니스 고수

② 컴퓨터 고수

③ 마케팅 고수

④ 나를 가장 감탄하게 하는 것은 이 휴대전화의 기능
 이다.

⑤ 나를 가장 감탄하게 하는 것은 그의 요리 솜씨이다.

⑥ 나를 가장 감탄하게 하는 것은 그의 체력이다.

① A 당신은 중국인처럼 중국어를 잘 하시네요.

  B 과찬이십니다.

② A 너 정말 예쁘다.

  B 예쁘긴 뭘.

③ A 너 피아노 고수구나.

  B 고수라고는 할 수는 없고, 그저 취미일 뿐이지.

1 리우 사장 오늘 또 자오 사장님이 이기셨네요!
      자오 사장님은 골프 고수십니다. 앞으
      로 감히 사장님과 못 치겠어요.

  자오 사장 고수라고 하긴 그렇고, 단지 취미일 뿐
      이죠.

  리우 사장 제가 가장 감탄하는 건 자오 사장님의
      체력입니다. 항상 저렇게 좋으시니.

  자오 사장 하하, 이제는 안 돼요. 늙었어요!

  리우 사장 늙기는 무슨. 사장님이 골프 치는 걸 보
      세요. 젊은 사람이랑 똑같아요.

  자오 사장 감사합니다. 과찬이세요.

2 장 사장   오늘 음식이 입맛에 맞으시는지 모르
      겠습니다.

  리우 사장 정말 맛있어요! 고급 호텔에서 만든 것
      보다 더 맛있는데요!

  자오 사장 맞아요, 장 사장님 부인의 음식솜씨가
      일품이라는 것은 익히 들었는데, 정말
      소문이 사실이었군요!

  장 사장   과찬이십니다. 과찬이십니다. 단지 평
      소에 집에서 먹는 음식일 뿐인 걸요.

  자오 사장 장 사장님 진짜 복이 많으시네요. 부인
      께서 예쁘고 유능하시니.

  리우 사장 이런 말 못 들어보셨어요? "성공한 남
      자 뒤에는 항상 위대한 여성이 있다"

① A 정말 감사드립니다.

  B 별 말씀을요.

② A 회장으로 승진하신 것 축하드려요.

  B 자네가 열심히 도와준 덕분이네.

③ A 당신이 협조해 주신 덕분입니다.

  B 그건 제가 당연히 해야 하는 것인 걸요.

샤오짱 샤오왕, 이건 나의 작은 성의야. 받아줘.

샤오왕 아무런 이유 없이 왜 나한테 선물을 주는

    건데?

샤오짱 너한테 고마워서.

샤오왕 그러니까 더 이해가 안 된다.

샤오짱 네가 열심히 도와준 덕분에 내가 진급하게

    됐어.

샤오왕 그건 내가 당연히 해야 할 일인데, 게다가

    이건 네가 노력한 결과야.

샤오짱 사양하지 마, 그렇지 않으면 나를 무시하는

    거야.

샤오왕 알았어. 그럼 네 말 들을게. 고마워!

존경하는 화한회사의 동료여러분들:

  저희가 귀사를 방문한 시간은 길지 않은 3일에 불과
했지만 귀사의 협력과 지원 덕분에 저희는 많은 성과
를 얻을 수 있었습니다. 내일 저희는 떠날 예정입니다.
제가 여기에서 우리 회사를 대표하여 귀사에 감사를
표할 수 있도록 허락해 주십시오.

제의합니다. "우리의 우호협력관계를 위하여 건배!"

핵심 문장 카드

예쁘게 오려서 가방에 쏙!

01

文件在哪儿?

서류가 어디에 있나요?

Wénjiàn zài nǎr?

02

桌子上有一台电脑。

책상 위에 컴퓨터가 한 대 있다.

Zhuōzi shang yǒu yì tái diànnǎo.

03

柜子里放着很多文件。

사물함에는 많은 서류가 놓여 있다.

Guìzi li fàngzhe hěn duō wénjiàn.

04

他长什么样子?

그는 어떻게 생겼나요?

Tā zhǎng shénme yàngzi?

05

她高高的，头发又黑又长。

그녀는 키가 크고, 머리카락은 검고 길다.

Tā gāogao de, tóufa yòu hēi yòu cháng.

06

这是什么?

이것은 무엇입니까?

Zhè shì shénme?

07

它是什么形状的?

그것은 무슨 모양입니까?

Tā shì shénme xíngzhuàng de?

08

有多大?

얼마나 큽니까?

Yǒu duō dà?

这是塑料的。

이것은 플라스틱 제품입니다.

Zhè shì sùliào de.

他们都喜欢打网球。

그들은 모두 테니스 치는 것을 좋아한다.

Tāmen dōu xǐhuan dǎ wǎngqiú.

这复印机是全功能的。

이 복사기는 다기능이다.

Zhè fùyìnjī shì quán gōngnéng de.

然后等了半天才坐上车。

그런 후에 한참 기다려서 겨우 차를 탔다.

Ránhòu děng le bàntiān cái zuò shang chē.

红色的和黑色的一样漂亮。

빨간색과 검은색은 똑같이 예쁘다.

Hóngsè de hé hēisè de yíyàng piàoliang.

到公司的时候，老板还没来。

회사에 왔을 때, 사장님은 아직 오지 않았다.

Dào gōngsī de shíhòu, lǎobǎn hái méi lái.

塑料的不如木头的舒服。

플라스틱 제품은 나무 제품보다 편안하지 못하다.

Sùliào de bùrú mùtóu de shūfu.

后来呢？

그 후에는?

Hòulái ne?

小黄没有小王聪明。

샤오황은 샤오왕보다 똑똑하지 않다.

Xiǎo Huáng méiyǒu Xiǎo Wáng cōngmíng.

老板来以后，我们要开会了。

사장님이 온 후, 우리는 회의 하려고 한다.

Lǎobǎn lái yǐhòu, wǒmen yào kāihuì le.

19

最后总算找到了。

결국에는 찾았다.

Zuìhòu zǒngsuàn zhǎodào le.

20

能请假吗?

휴가를 신청해도 되나요?

Néng qǐng jià ma?

21

周末我恐怕不能加班。

주말에 연장근무를 할 수 없을 것 같습니다.

Zhōumò wǒ kǒngpà bù néng jiābān.

22

有什么事就说吧。

무슨 일이 있으면 바로 얘기하세요.

Yǒu shénme shì jiù shuō ba.

23

没问题。

문제 없어요.

Méi wèntí.

24

你再考虑一下。

다시 생각해 보세요.

Nǐ zài kǎolǜ yíxià.

25

实在抱歉。

정말 죄송합니다.

Shízài bàoqiàn.

26

下次再也不敢了。

다음엔 다시는 그러지 않겠습니다.

Xiàcì zài yě bù gǎn le.

27

请原谅我一次吧。

한 번만 용서해 주세요.

Qǐng yuánliàng wǒ yí cì ba.

28

这不是你的错。

당신의 잘못이 아니에요.

Zhè bú shì nǐ de cuò.

29

你老有借口。

당신은 항상 변명을 하는군요.

Nǐ lǎo yǒu jièkǒu.

30

谢谢你的理解。

이해해 주셔서 감사합니다.

Xièxie nǐ de lǐjiě.

31

您看这对耳环怎么样?

당신이 보기에 이 귀걸이 어때요?

Nín kàn zhè duì ěrhuán zěnmeyàng?

32

总的来说不错。

전반적으로 괜찮다.

Zǒngdeláishuō bú cuò.

33

如果穿黑色的是不是更好?

검은색을 입으면 더 좋지 않을까?

Rúguǒ chuān hēisè de shì bu shì gèng hǎo?

34

很晚了，我们最好打车去。

늦었다, 우리 택시를 타고 가는 것이 제일 좋겠다.

Hěn wǎn le. wǒmen zuì hǎo dǎchē qù.

35

你有没有兴趣参加开业典礼?

개업식에 가는 것 관심 있으세요?

Nǐ yǒu méiyǒu xìngqù cānjiā kāiyè diǎnlǐ?

36

太不巧了，真遗憾。

참 운이 없네요, 정말 아쉬워요.

Tài bù qiǎo le. zhēn yíhàn.

37

谢谢你的邀请。

초대해 주셔서 감사해요.

Xièxie nǐ de yāoqǐng.

38

以后还有机会。

다음에 또 기회가 있겠죠.

Yǐhòu hái yǒu jīhuì.

39

开业大吉！

개업 대길하시길!

Kāiyè dàjí!

40

财源广进！

재물이 많이 들어오시길!

Cáiyuán guǎngjìn!

41

生意兴隆！

사업 번창하시길!

Shēngyi xīnglóng!

42

祝开业庆典圆满成功！

개업식이 원만하게 성공적으로 이뤄지길 기원합니다.

Zhù kāiyè qìngdiǎn yuánmǎn chénggōng!

43

照顾不周，请多包涵。

세심하게 보살피지 못하더라고, 양해 부탁드립니다.

Zhàogù bù zhōu, qǐng duō bāohan.

44

让王秘书代劳就行了。

왕 비서에게 대신 수고해 달라고 하면 될 것을요.

Ràng Wáng mìshū dàiláo jiù xíng le.

45

真讨厌，我最烦下雨了。

정말 짜증나, 나는 비 내리는 것이 제일 싫어.

Zhēn tǎoyàn, wǒ zuì fán xià yǔ le.

46

这个破工作！

이 형편없는 일!

Zhè ge pò gōngzuò!

47

无聊透了！

지루해 죽겠어!

Wúliáo tòu le!

48

这不是我想要的生活。

이건 내가 원하던 생활이 아니다.

Zhè bú shì wǒ xiǎngyào de shēnghuó.

49

赵总是网球高手。

자오 대표는 테니스 고수이다.

Zhào zǒng shì wǎngqiú gāoshǒu.

50

最让我佩服的是他的体力。

나를 제일 감탄하게 하는 것은 그의 체력이다.

Zuì ràng wǒ pèifú de shì tā de tǐlì.

51

名不虚传。

명실상부하다.

Míng bù xū chuán.

52

过奖了。

과찬이십니다.

Guòjiǎng le.

53

说不上高手，只是爱好罢了。

고수라고 하긴 그렇고, 그저 취미일 뿐입니다.

Shuōbúshàng gāoshǒu, zhǐshì àihào bà le.

54

这是我的一点心意，请收下。

제 작은 성의입니다, 받아 주세요.

Zhè shì wǒ de yì diǎn xīnyì, qǐng shōu xià.

55

多亏有你的帮助。

당신의 도움 덕분입니다.

Duō kuī yǒu nǐ de bāngzhù.

56

非常感谢你。

매우 감사드립니다.

Fēicháng gǎnxiè nǐ.

57

那是我应该做的。

그것은 제가 당연히 해야 할 일입니다.

Nà shì wǒ yīnggāi zuò de.

58

恭敬不如从命。

염치불구하고 받겠습니다.

Gōngjìng bùrú cóngmìng.

어휘 색인